ÉTUDES DIPLOMATIQUES ET HISTORIQUES

PENDANT LA GRANDE GUERRE

★

(AOUT-DÉCEMBRE 1914)

PAR

GABRIEL HANOTAUX

DE L'ACADÉMIE FRANÇAISE

> Origines de la guerre. — Situation des neutres. — La Vie intérieure de la France : organisation du travail; organisation des secours. — La Guerre de manœuvres. — Jours d'épreuves. — Victoire de la Marne. — Les Falaises de l'Aisne.

PARIS
LIBRAIRIE PLON
PLON-NOURRIT ET Cⁱᵉ, IMPRIMEURS-ÉDITEURS
8, RUE GARANCIÈRE — 6ᵉ
—
1916
Tous droits réservés

Il a été tiré de cet ouvrage 6 exemplaires sur papier de Hollande, numérotés 1 à 6

PENDANT
LA
GRANDE·GUERRE

★

DU MÊME AUTEUR

Études diplomatiques. — **La Politique de l'Équilibre (1907-1911)**. *L'entente cordiale et l'encerclement*. — *La crise orientale : Jeune-Turquie; Bosnie et Herzégovine*. — *L'Affaire marocaine*. 3ᵉ édition. Un volume in-16......... 3 fr. 50

Études diplomatiques (deuxième série). — **La Guerre des Balkans et l'Europe (1912-1913)**. 4ᵉ édition. Un volume in-16................................... 3 fr. 50

En cours de publication :

La Guerre de 1914. Trois volumes parus. Le quatrième en cours de publication.

ÉTUDES DIPLOMATIQUES ET HISTORIQUES

PENDANT LA GRANDE GUERRE

★

(AOUT-DÉCEMBRE 1914)

PAR

GABRIEL HANOTAUX

DE L'ACADÉMIE FRANÇAISE

> Origines de la guerre. — Situation des neutres. — La Vie intérieure de la France : organisation du travail; organisation des secours. — La Guerre de manœuvres. — Jours d'épreuves. — Victoire de la Marne. — Les Falaises de l'Aisne.

PARIS
LIBRAIRIE PLON
PLON-NOURRIT et Cⁱᵉ, IMPRIMEURS-ÉDITEURS
8, RUE GARANCIÈRE — 6ᵉ

1916
Tous droits réservés

Droits de reproduction et de traduction
réservés pour tous pays.

AVERTISSEMENT

Le présent volume est le recueil des articles que j'ai publiés dans *le Figaro* et dans *la Revue hebdomadaire,* au cours des premiers mois de la guerre, depuis août 1914 jusqu'à fin décembre de la même année.

Pendant ces quatre mois, j'ai suivi les événements dans les sentiments qui furent ceux de tous les Français. En réunissant ces articles tels qu'ils ont paru, j'apporte un témoignage sur l'état de l'opinion en France, en ces temps qui, après avoir assisté aux alternatives les plus pathétiques, ont vu le plus splendide relèvement.

Aux jours les plus sombres, la France a toujours gardé confiance en l'issue finale. L'armée — chefs et soldats — sentait qu'elle n'avait pas perdu la maîtrise des événements et qu'elle reprendrait, l'heure venue, une offensive dure à l'ennemi. L'ennemi lui-même ne se sentait pas vainqueur. Sur l'ensemble des faits, planait une sorte de mystère, résultant — comme j'essaierai de l'expliquer ailleurs — de l'*invisibilité du champ de bataille*, et qui fit, qu'aux appréciations diverses, restait toujours mêlé une sorte de *sub-jugement*.

Le pays ne faisait qu'un avec l'armée : il sentait comme elle. Même si celle-ci eût dû reculer encore, elle eût lutté et on eût lutté « jusqu'au bout ». Ce conflit, où il y allait de la vie ou de la mort des peuples qui s'y trouvaient engagés, ne se réglerait pas, on le savait, en une seule bataille comme en 1866 ou en une seule campagne comme en 1870... Après deux ans, au moment où la fortune des armes se fixe du côté des puissances alliées, il est bon de se remémorer ces fortes et vigoureuses résolutions.

On trouvera, dans le présent livre, un écho des sentiments qui furent ceux du pays tout entier. Il témoigne de la ferme confiance de la

France en elle-même et dans la « justice immanente ».

Jamais les Français n'ont senti, mieux que dans ces jours d'épreuve et de gloire, ce qu'il y a de providentiel et, par conséquent, d'éternel et d'indestructible dans l'existence de la France, notre mère et notre patrie.

G. H.

PENDANT LA GRANDE GUERRE

PREMIÈRE PARTIE

CHAPITRE PREMIER

I. **31 juillet 1914.** — **La crise européenne et la France.**

A l'heure poignante que nous traversons et dans une situation qui se modifie, pour ainsi dire, de minute en minute, le rôle de la France demande à être bien défini ; car l'action de son gouvernement et l'orientation de son opinion peuvent avoir une influence décisive sur la marche des événements. Essayons donc de nous rendre compte de nos propres sentiments.

Tout d'abord, il y a lieu de constater, sur toute la surface du pays et chez tous les Français, une résolution, une détermination réfléchie et calme. Je viens de parcourir nos provinces, depuis la frontière de l'Est jusqu'à Paris ; j'ai vu, j'ai interrogé, j'ai écouté ; j'ai parlé avec ceux qui commandent et avec ceux qui

obéissent ; tous ont le même ton tranquille et décidé :
« S'il faut partir, on partira ; si on est appelé, on fera son
devoir. » Je n'ai observé nulle part une préoccupation excessive de l'intérêt particulier ; tous et chacun pensent à la chose publique et sont disposés à tout lui subordonner. Je le dis très sincèrement, jamais je n'eusse pensé que ce peuple français si vif, si impressionnable, fût capable d'un sens si rassis, d'une discipline si parfaite, d'une volonté si tranquille dans des circonstances si graves.

*
* *

Quant au fond des choses, c'est-à-dire au conflit qui menace de dresser subitement les deux grands groupements européens l'un contre l'autre, il me semble qu'on le considère dans le public à peu près comme je vais dire : le débat austro-serbe n'intéresse que très peu, en lui-même, l'opinion française ; l'Autriche-Hongrie paraît pousser ses exigences trop loin ; mais on reconnaît qu'elle a été gravement offensée. Ce que l'on se dit, c'est que ces passions réciproques ne justifieraient pas une guerre générale, s'il n'y avait autre chose ; tout le monde comprend que la question est, sans doute, plus haute, et qu'il s'agit, en somme, non seulement de la fidèle exécution des traités d'alliance, mais du sort de l'Europe et de la liberté des peuples.

Quel est le rôle, quelle est la volonté de l'Allemagne ? On eut, un moment, la pensée qu'elle voulait réellement arranger les choses, qu'elle cherchait même à « causer » avec la France ; on se demande si, il y a quatre ou cinq jours, — lors de la première visite de

M. de Schœn, — nous n'avons pas perdu une occasion favorable de nous attacher à ses pas, pour obtenir d'elle une action bienfaisante sur l'Autriche-Hongrie, tandis que nous restions, de notre côté, en contact avec la Russie. Mais, en présence des nouvelles pessimistes qui se sont répandues, on a commencé à douter de la sincérité de ces démarches ambiguës.

Peut-être l'Allemagne subit-elle, comme on l'annonce depuis quelque temps, la poussée du parti militariste et songe-t-elle à prévenir l'époque où la préparation militaire de la Russie sera complète : cela ne me paraît pas tout à fait démontré ; mais le public hésite. Tout compte fait, on croit encore que les choses peuvent s'arranger, au dernier moment : on voudrait percer le secret des chancelleries pour savoir comment elles se conduisent et où elles nous mènent.

On se consulte sur l'attitude de l'Angleterre : on ne doute pas qu'elle ne suive sa politique traditionnelle et ses engagements, en prenant, comme au temps de Napoléon, position du côté de l'indépendance universelle. On se rend compte, d'autre part, que la diplomatie anglaise est tenue à l'écart par les puissances germaniques, qui craignent évidemment de lui laisser la haute main ; on explique ainsi l'échec de la proposition de sir Edward Grey. Par cet échec, la diplomatie classique, la diplomatie des chancelleries, a perdu sa carte la plus précieuse.

Que reste-t-il ? Il reste la possibilité d'une conversation directe entre l'Allemagne et la Russie. Au point où nous en sommes, c'est plus qu'une possibilité, une nécessité : car, entre la Russie et l'Autriche-Hongrie, le tête-à-tête paraît, pour le moment, impossible.

Quel sera le sujet de cet entretien? Naturellement, la recherche d'un accord sur les bases qui ont été déjà livrées au public. Si l'Autriche-Hongrie ne se laisse pas entraîner au delà de sa volonté *officiellement* déclarée, si, réellement, elle s'engage à ne pas s'emparer de la moindre parcelle du territoire serbe, s'il s'agit seulement de donner à la Serbie une leçon un peu rude et de prendre des précautions pour l'avenir : sur ce point, des intermédiaires bien disposés peuvent trouver, même à l'heure présente, un terrain de transaction.

On objecte que l'Autriche, tout en s'engageant à respecter *l'intégrité territoriale de la Serbie*, n'a pas promis, en même temps, de respecter *l'indépendance du royaume*. En effet ; mais elle n'a pas dit non plus qu'elle entendait y porter atteinte : point très important ; car c'est le nœud du débat. Ne faire dire aux gens que ce qu'ils disent et ce qu'ils veulent dire, c'est une grande sagesse et une rare habileté dans les affaires.

Ne pourrait-on pas dégager de cette négation et de cette omission voulue un système de garanties diplomatiques qui serait ratifié, au besoin, ultérieurement, par les puissances? Et de telles garanties ne seraient-elles pas de nature à apaiser le ressentiment austro-hongrois sans compromettre la stabilité européenne?... Si on veut réellement éviter la guerre, l'issue serait là et j'ai la ferme conviction qu'elle peut se dégager d'une conversation russo-allemande, appuyée loyalement par la diplomatie française. Nous sommes fidèles à l'Alliance, certes ; mais, justement, cela nous donne voix au chapitre et, comme dit notre vieux proverbe : « Deux avis valent mieux qu'un. »

* * *

Ce que nous pouvons dire, quoi qu'il arrive, c'est que la France n'a aucune responsabilité directe ou indirecte dans le *casus belli* actuel ; qu'elle n'a provoqué, attaqué, ni excité personne ; qu'elle a le cœur pur et les mains nettes. Il est bien permis d'ajouter que, si les dés sont jetés en dehors de notre volonté, rarement ils se sont présentés, pour nous, dans des conditions plus favorables. Nous étions exposés à nous trouver, un jour ou l'autre, seul à seul, en face de l'Allemagne ; aujourd'hui, nous sommes trois ; et, par contre, l'une des puissances de la Triple-Alliance, l'Italie, ne paraît marcher qu'en hésitant ; et cela se comprend puisqu'elle marcherait contre ses propres intérêts.

Sur mer et sur terre, la force que les puissances de la Triple-Entente opposent à leurs adversaires est énorme : en hommes, en armes, en vaisseaux, en argent, cette force est presque inépuisable. Si la flotte anglaise prend la maîtrise de la mer, l'Allemagne peut souffrir beaucoup du manque d'approvisionnements.

Quant à la France elle-même, elle se sent fortement unie dans la main de ses chefs, loyalement attachée à ses amis et à ses alliés. Elle veut la paix ; mais si on lui force la main, si on lui impose la guerre, elle l'acceptera avec résolution, avec sang-froid, avec ténacité, avec courage. Elle sait, qu'en dépit des allégations exagérées par la polémique parlementaire, elle est prête. La loi de trois ans a rempli nos cadres ; notre armement et nos approvisionnements, à la veille d'une belle récolte, nous assurent toutes les forces et toutes les ressources nécessaires : officiers et soldats fraternisent dans un sentiment unanime de dévouement à la patrie ; je sais qu'au ministère de la Guerre on est confiant et on attend... La France est donc résolue à soutenir, avec ses alliés et amis, une cause qu'elle a servie si souvent au cours des siècles, celle de la liberté du monde. Puisqu'elle est ainsi décidée et prête à se battre, s'il le faut, n'est-ce pas une situation excellente pour défendre passionnément et jusqu'à la dernière minute, la paix?

II. 4 août 1914. — Hurrah pour l'Angleterre!

Admirable déclaration de sir Edward Grey à la Chambre des communes ! On sent, dans tout le discours et jusque dans le moindre mot, la réflexion contenue d'un peuple et d'un gouvernement qui savent ce qu'ils veulent et qui le disent fortement. Nos petits pioupious, qui vont se battre si vaillamment, vont pousser un cri unanime, le cri de toute la France : « Hurrah ! pour la vieille Angleterre ! »

On connaît le texte de la déclaration. Mais, détachons, tout de suite, la phrase décisive : « Si une grande puissance, comme l'Angleterre, se désintéressait dans une crise semblable, croyez-vous qu'elle se trouverait, à la fin, dans une position à faire valoir ses intérêts? »

Voilà qui est entendu, l'Angleterre marche et elle ira *jusqu'à la fin*, elle ira *jusqu'au bout*.

Avec quel mépris de parfait homme du monde et de diplomate de grande allure, sir Edw. Grey rejette la proposition vraiment honteuse de l'Allemagne au sujet de la neutralité belge : « Nous ne sommes pas de ceux qui se livrent à des marchandages dans ces affaires ! »

Comme il convient, les intérêts anglais sont seuls visés dans cette note, qui est un véritable chef-d'œuvre, pour obtenir du Parlement le vote des sommes nécessaires à la mobilisation de toutes les forces anglaises :

1º La neutralité belge violée ;

2º La protection maritime de la Manche et des côtes françaises assurée.

Fidélité aux traités, fidélité aux engagements, tout y est.

L'Angleterre agit donc pour ses amis et pour elle-même ; elle est fidèle à son noble passé, fidèle à sa haute tenue morale parmi les peuples. Elle aussi, elle court sus au barbare.

Cela fait cinq puissances : la Russie, la France, la Serbie, la Belgique et l'Angleterre... En attendant les autres ! Jupiter rend fous ceux qu'il veut perdre !

III. 5 août 1914. — Quel vent de folie?...

Un voyageur allemand, qui ne se croyait pas écouté, a dit dans un wagon, en Angleterre : « Cette guerre, de notre part, est une absurdité. » L'ambassadeur, M. de Schœn, l'a constaté lui-même, parlant à un de nos ministres : « Ayant affaire à trois puissances comme la France, la Russie et l'Angleterre, une

telle guerre serait pour nous un véritable suicide. »
L'Allemagne est ainsi jugée par les siens !

Le droit, le bon sens, la raison violés en même temps ! Pourquoi bombarder des villes ouvertes, faire du mal pour faire du mal, détruire pour détruire ; pourquoi fusiller des hommes désarmés, des prêtres, emprisonner en masse, arrêter l'impératrice douairière de Russie ?... Pourquoi ces horreurs démentes auxquelles le monde civilisé assiste avec stupeur ? On voudrait mettre contre soi les mieux disposés qu'on n'agirait pas autrement.

Des hommes bien informés et qui arrivent aujourd'hui même d'Allemagne, nous apportent une explication. L'Allemagne n'exerce plus sur elle-même cette fameuse discipline nationale dont elle était si fière.

L'Allemagne gouvernementale est divisée, et le parti des brouillons, des téméraires, des fous — ayant à sa tête le kronprinz — a débordé les hommes raisonnables. Les militaristes, les « vieux généraux », les « Sawof » ont forcé la main, à Berlin et sur la frontière. La guerre pour la guerre !... Le plus puissant de tous est impuissant : il rendra compte à la civilisation et à Dieu de sa morne résignation et de son abandon de soi-même.

La neutralité de la Belgique est violée. Deux cent mille hommes, recrutés par ce seul fait, pour les armées adverses, vont défendre héroïquement l'héroïque nation qui veut être libre. Du même coup, l'Angleterre, qui conduit cette affaire avec l'autorité d'un joueur maître de l'échiquier, entre en ligne. Elle se battra *avec toutes ses forces;* car elle sait qu'on ne se bat pas à demi ; et l'on va voir ce qu'elle pèse dans le monde.

Il faut dévoiler aussi un dernier mystère, une dernière manœuvre, celle de l'Autriche-Hongrie maintenant son ambassadeur à Paris. Pour trouver un argument à invoquer près de l'Italie, on veut nous forcer à la déclaration de guerre. Nous sommes avertis et nous ne nous laisserons pas surprendre.

Et l'Italie pas davantage. Le germanisme maître de l'Adriatique, tel serait le résultat infaillible d'une victoire des deux empires allemands.

D'ailleurs, si l'Italie rompait sa neutralité, elle aurait toutes les forces anglaises contre elle dans la Méditerranée : le discours de sir Edward Grey ne peut lui laisser aucun doute à ce sujet. L'Italie ne voudra pas être dupe.

En France, la situation s'améliore de jour en jour. L'admirable union entre tous les citoyens, les soldats, les pouvoirs publics ; la belle proclamation du Président de la République qui a touché le pays au cœur ; l'exposé de M. Viviani, où il n'y a pas un mot qui sonne faux ; jusqu'aux discours prononcés sur la tombe de Jaurès, tout prouve un attachement résolu aux plus hautes causes que puisse servir l'humanité : l'honneur, la justice, la liberté.

De l'autre côté, le désarroi moral ressort des actes, des violences inutiles et même de ces étranges hésitations aussi frappantes sur la frontière que dans les déclarations officielles.

Certes, nous n'aurons pas raison du colosse en huit jours ; mais nous en viendrons à bout, parce que nous sommes à la fois la force et le droit ; et, quand son corps mesurera la terre, le monde enfin respirera. Nos longues patiences n'auront pas été vaines ; elles ont attendu cette heure, celle de la justice immanente que quarante ans de silence, d'abnégation et d'effort ont préparée.

IV. 7 août 1914. — Appel aux puissances neutres. — Appel à l'Amérique (1).

On oublie trop, en Allemagne, qu'il y a une civilisation, que tous les hommes en ont la garde, que l'univers entier est intéressé à ce que l'humanité ne recule pas jusqu'au cinquième siècle, — jusqu'aux temps des invasions barbares.

Il existe une morale internationale; il existe un droit international.

Ce droit repose sur des traités, des conventions solennelles, signés par les puissances et sanctionnés récemment par les deux conférences de La Haye. Comme les autres gouvernements, le gouvernement allemand a signé ces traités et ces conventions. Il s'est engagé librement envers toutes les autres puissances, envers la civilisation.

Puisque, d'un consentement unanime, la guerre elle-même a ses lois, il est d'une importance mondiale que ces lois soient respectées et, par-dessus tout, celles qui visent les neutralités, la protection des non-belligérants, le salut des blessés, le respect des ambulances et des institutions internationales de secours, etc., etc.

(1) Cet article a été envoyé sous pli recommandé aux chefs des gouvernements et aux principales personnalités des pays neutres par les soins du Comité France-Amérique.

Toute atteinte portée à des règles, parfaitement connues et établies, blesse non seulement ceux qui se battent, mais ceux qui, échappant aujourd'hui à la guerre, peuvent la subir demain... Voyez la Belgique !

De toutes les puissances liées par les pactes de La Haye, celles qui se sont montrées les plus fermes, les plus exigeantes dans le sens d'une réglementation plus humaine de la guerre, ce sont les républiques américaines, tant celles du Nord que celles du Sud.

Puisqu'elles sont au premier rang des neutres aujourd'hui, il leur appartient de voir, d'écouter, de juger, d'agir.

***

Le comité Carnegie a fait récemment une enquête retentissante sur les faits déplorables qui ont accompagné la guerre des Balkans. Ces faits vont-ils se renouveler sur un champ infiniment plus vaste ? Il importe de le savoir. Ouvrez donc une nouvelle enquête et ouvrez-la tout de suite. Les bonnes enquêtes sont celles qui préviennent le mal.

Il faut que des hommes comme M. Root, comme M. R. Bacon, comme M. Carnegie, comme M. Butler, comme M. Bryan, il convient que le président Wilson et les trois présidents de l'A B C assument tous leurs devoirs ; qu'ils surveillent de près les événements de la guerre et les faits militaires, qu'ils se renseignent sur l'attitude des gouvernements, des généraux, des soldats. J'invoque, auprès de M. N. Butler, sa propre déclaration : « *Nous sommes les gardiens de nos frères...* »

Le soulèvement de l'opinion américaine exercerait une action énorme sur le cours des événements.

La moindre violation du droit des gens doit être l'objet d'une protestation immédiate. Les incendies, les pillages, fusillements, assassinats doivent être dénoncés solennellement à la réprobation universelle. Bismarck a dit : « La guerre rompt tous les traités »; mais le bon sens et l'intérêt universel les maintiennent.

Et, si un parti pris de faire reculer le monde jusqu'à la plus odieuse barbarie est prouvé, établi, il faut plus, alors, il faut qu'une pareille audace soit réprimée et châtiée.

Le sort de la civilisation est entre les mains des puissances neutres, des puissances américaines. Qu'elles jugent impartialement !

Leur contrôle, leur ingérence morale, nous ne les craignons pas, nous Français : nous les sollicitons. Nous sommes décidés à faire la guerre du droit, de la liberté, de la pitié. Si d'autres font la guerre de la tyrannie, de la violence et de la haine, qu'on les dénonce, et, sans attendre le jugement de Dieu, qu'on les frappe !

Le monde entier a un intérêt effectif, présent, immédiat, à ce que la civilisation ne périsse pas !

V. 8 août 1914. — Et leur diplomatie !...

Si les généraux de l'Empire allemand ne valent pas mieux que ses diplomates, il n'est pas étonnant que la petite Belgique suffise pour mettre en échec leurs gros bataillons et pour déranger les plans magnifiques dont on faisait tant de bruit.

En vérité, les niais solennels qui dirigent la chancellerie allemande ont été d'une impéritie tellement *colossale*, que ce phénomène restera sans doute unique dans l'histoire. On se demande comment des conceptions aussi biscornues ont pu naître dans les cerveaux humains, comment des plénipotentiaires patentés, galonnés d'or sur toutes les coutures, ont pu aborder leurs partenaires étrangers, d'honnêtes gens qu'ils rencontraient sur un pied de courtoisie dans le monde, pour leur exposer sans mourir de honte les instructions et les propositions émanant de leur chancellerie.

Puisqu'on voulait la guerre, puisqu'on la préparait ostensiblement, par tous les moyens, au risque de mettre en garde les adversaires éventuels, la moindre des précautions était de s'assurer les concours diplomatiques qui devaient se transformer, à l'heure du conflit, en concours militaires. Or, on choisit pour motiver une rupture, la seule question qui pouvait briser la Triple-Alliance : la question adriatique.

Fallait-il être grand clerc pour comprendre que c'était là un terrain d'action absolument impraticable, et que l'Italie, malgré tous les engagements pris antérieurement, ne consentirait jamais à travailler à une victoire germanique qui bouclerait à la fois son expansion et son indépendance.

Si, cependant, il restait, de ce côté, une chance, c'était de forcer les puissances adverses à déclarer la guerre. La manœuvre avait été indiquée et supérieurement réussie par Bismarck en 1870.

Aujourd'hui, l'Allemagne se met dans la nécessité

de rompre, et d'accumuler mensonge sur mensonge, sans pouvoir même sauver les apparences.

L'Angleterre devait être l'objectif suprême de l'effort diplomatique allemand. Or, la partie est menée de telle façon que sir Edward Grey tire avec une facilité merveilleuse les vers du nez des balourds Talleyrand de la Wilhelm-Strasse. A-t-on assez raillé, en 1870, la simplicité de M. Benedetti se laissant arracher des mains, par Bismarck, un vague projet d'agrandissement de la France du côté du Rhin? Et voilà que l'on remet officiellement à sir Edward Grey les propositions les plus grossièrement cyniques sans songer qu'on lui fournit les moyens de déshonorer pour toujours la politique allemande devant le monde et devant l'histoire.

Quel est le béjaune qui a pu rédiger de pareils « protocoles », et quel est l'impudent qui a pu les remettre au galant homme qu'est sir Edward Grey? On ne citera jamais assez ces monuments incomparables de l'inintelligence germaine, d'après le récit qu'en fait sir Edward Grey : « Ce que voulait le chancelier, en somme, c'était amener la Grande-Bretagne à rester les bras croisés, tandis que les colonies françaises seraient prises et que la France serait battue, aussi longtemps que l'Allemagne ne s'emparerait pas de territoires français proprement dits : *Ce serait une honte pour la Grande-Bretagne que d'agir ainsi, une honte dont elle ne se relèverait jamais.* La Grande-Bretagne ne peut non plus accepter le *marché* proposé par l'Allemagne en ce qui touche la Belgique... »

Ne parlons pas de la proposition relative à la Belgique : c'eût été la rupture pure et simple des engagements les plus solennels sur lesquels repose le droit européen ; et c'est à l'Angleterre, dont la sécurité repose tout entière sur ces traités, qu'on en demandait bonnement l'injurieuse violation !

Quant à la proposition qui vise les colonies françaises elle peut se traduire ainsi : « Laissez-nous faire ; nous ne prendrons à la France *que* ses colonies. » Et sir Edward Grey n'a eu qu'à traduire, à son tour : « Nous avons une situation coloniale et maritime tout à fait insuffisante ; or « notre Empire est sur la mer » ; votre intérêt, à vous, Angleterre, est, n'est-ce pas, de nous aider à le consolider et à le développer, partout, d'un seul coup. Par exemple, Gibraltar nous gêne : vous allez nous donner le Maroc ; Malte nous est en horreur : cédez-nous Bizerte ; vous nous ennuyez au canal de Suez : nous prendrons Obock et Djibouti ; nous n'avons aucune base d'opération contre le Transvaal : accordez-nous Madagascar ; les Indes offrent un champ magnifique à notre colonisation : que penseriez-vous de nous mettre l'Indochine dans la main?...

N'a-t-il pas fallu toutes les ressources du flegme britannique à sir Edward Grey, pour qu'il ait pu garder son sang-froid en présence de ces offres qui ne cachaient même pas le plus insolent mépris de l'interlocuteur.

Est-il possible de méconnaître les situations et les gens à ce point?

Ce gouvernement, affolé par la haine universelle que, selon les aveux de leur seul publiciste sincère, Harden, ont accumulé sur lui ses faits et gestes, ne sait même plus démêler son propre intérêt. Il croit avoir terrorisé le monde, il croit qu'il peut tout se permettre : or, il se réveille sous le double soufflet du Livre Bleu anglais et de la résistance de Liége.

Proposer galamment aux gens ces marchandages louches, la violation des traités, le reniement de la parole jurée, violer les territoires neutres, laisser insulter les ambassadeurs qui se retirent dignement sous la protection du droit des gens, mentir avec ostentation — et tout cela pour arriver à n'avoir d'autre secours, dans le monde, qu'un « second » lamentable et qui ne sait même pas se décider, n'est-ce pas l'aberration suprême de l'orgueil incohérent?

Quand les chefs d'un peuple en sont arrivés là, le peuple lui-même n'a plus qu'à se résigner au châtiment qu'ils ont attiré sur sa tête.

M. Asquith a terminé par un superbe mouvement d'indignation, un de ces discours d'action dont les Anglais ont le secret :

« Nous combattons, a-t-il dit, pour la base même de la civilisation. C'est peut-être la plus grande lutte que l'Angleterre ait eu à subir ; mais l'issue en est certaine. C'est le napoléonisme, une fois de plus ; mais, autant que nous le sachions, il n'y a pas, cette fois, de Napoléon. »

Ah ! pour cela, non !

VI. 9 août 1914. — Et leur empereur !...

L'empereur Guillaume lance proclamations sur proclamations. Tout le monde a remarqué leur caractère mélancolique, et, d'avance, résigné ; tout le monde a remarqué surtout leur manque absolu de sincérité.

Il faut essayer de deviner l'état psychologique et la situation gouvernementale que cache cette phraséologie mystique.

Il y a quarante ans, le vieil empereur Guillaume invoquait son droit et allait se mettre lui-même à la tête de ses troupes. Son successeur reste à l'arrière. Pour ce grand amateur de manœuvres, c'était pourtant une belle occasion de se porter au front et d'entraîner le « tumulte » allemand, avec lui, dans la poussée qui seule pouvait rompre le cercle de fer de notre frontière. S'il s'attarde, il y a des raisons pour cela.

Faut-il en croire les bruits qui se répandent, avec une insistance singulière, que l'Empereur est prisonnier parmi les siens et que l'Empire a d'autres chefs que lui? On ne retrouve pas, dans ces proclamations mornes, son style habituel. Les fait-il écrire par son chapelain? « Etre ou ne pas être », quel est le pédant d'antichambre qui lui a choisi juste la seule citation que cet « Hamlet sur le trône » devait éviter?

On dirait qu'il cherche les raisons pour se persuader à lui-même et pour persuader aux autres qu'il n'est pas libre. Est-ce un appel de suppliant adressé à la justice divine dans le remords où il est de s'élever contre elle?

Espère-t-il échapper ainsi aux responsabilités qui l'accablent? Entend-il dénoncer, au-dessus des murs de sa prison, l'étreinte de ce parti de la guerre qui a pour chef son fils et qui menace de l'expulser du trône?

Ce parti, nous avons suivi, pas à pas, ses méfaits : le coup de Tanger, où, jusqu'à la dernière heure, Guillaume hésita ; Casablanca, où il dut reculer devant l'évidence du droit ; Agadir, qui nous infligea le banditisme du Congo ; les armements sur mer et sur terre poussés à une exagération si folle que le peuple allemand et le monde, à sa suite, en étaient pantelants ; les élections menaçantes pour la dynastie, la violence surexcitée des « hobereaux » sentant qu'ils jouaient leur dernière carte ; enfin le dilemme où est acculé le souverain défaillant : la révolution ou la guerre.

Les voilà, les raisons obscures de cette politique désespérée qui ameute contre elle l'univers et qui s'entoure d'obscurités et de mensonges, essayant de tromper les autres pour se tromper elle-même.

Que disent les prisonniers de Liége?

« On nous avait affirmé que nous étions appelés par les Belges pour les protéger contre une invasion française ; et les canons belges tirent sur nous ! » Ainsi donc, on leur a menti... On peut imaginer le réveil de ces éphèbes, quittant leur charrue, leur métier, revêtant, en hâte, l'uniforme invisible et les bottes jaunes qui alourdissent encore leur marche, et, soudain, fauchés par milliers, sans savoir pourquoi. On se bat mal quand on ne sait même pas contre qui on se bat. Guillaume est comme le dernier de ses soldats : il s'engage dans la nuit ; il ne sait ce qu'il fait.

Les voilà donc venus « les jours sombres », « l'heure des grands sacrifices », de la « lutte dure », et « l'assaut impitoyable d'ennemis qui nous entourent de toutes parts »... Quel contraste avec l'allure de nos jeunes soldats qui marchent à la frontière en chantant et qui se battent en pleine lumière !

Quel contraste aussi avec les proclamations courtes et superbes du jeune roi Albert ! C'est le grand souffle héroïque : « Voyant son indépendance menacée, la nation a frémi et ses enfants ont bondi à la frontière... » « Vous triompherez, car vous êtes la force au service du droit... » « Soldats de l'armée belge, n'oubliez pas que vous êtes à l'avant-garde des armées immenses de cette lutte gigantesque... »

Et celui-ci, il est à la tête de ses troupes. Sûr de lui et des siens, *il marche à la victoire.*

L'Histoire jugera ; elle saura ce que nous ne savons pas : mais ce qu'elle devra reconnaître, parce que c'est la vérité toute pure, c'est que le peuple allemand, les armées allemandes, l'empereur allemand vivent dans le mensonge.

Il n'est pas vrai que « la France a été l'agresseur » ; *il n'est pas vrai* que « nos aviateurs aient lancé des bombes » ; *il n'est pas vrai* que « nous ayons envahi le territoire belge » ; *il n'est pas vrai* que « nous ayons attaqué les postes allemands sans déclaration de guerre ».

Pourquoi mentir, et prendre Dieu à témoin ? Il vous répond déjà, et des milliers de vos enfants sont couchés dans la plaine d'Alsace...

Sire, vous êtes un homme, et si un honnête homme vous fixait dans le blanc des yeux et vous disait : « C'est faux ! », vous détourneriez le regard.

VII. 10 août 1914. — Difficiles neutralités.

Dans la conflagration générale qui vient d'éclater, les puissances qui veulent rester neutres vont être bientôt, du fait de la Double-Alliance, dans un cruel embarras.

Une sommation brutale a été adressée par le gouvernement allemand à certaines d'entre elles, même très éloignées du théâtre de la guerre, comme le Portugal, et celui-ci a dû répondre, avec tous les risques qu'une pareille attitude comporte, qu'il restait fidèle à ses engagements envers l'Angleterre.

Demain, ce sera, sans doute, le tour de la Hollande, — dont le territoire n'est plus respecté, — de la Suisse, des États du Nord, Suède, Norvège, Danemark. Sous la pression des généraux allemands, la Turquie mobilise, sans souci du sort qu'une intervention dans la lutte ferait subir à sa capitale, Constantinople, exposée aux coups immédiats des flottes russes, anglaise et française combinées. La Grèce suivrait, puis la Bulgarie, la Roumanie ; l'abstention est, pour ainsi dire, impossible.

Tous les yeux sont portés vers l'Italie. Elle aussi est sommée, par ses alliés, d'avoir à se prononcer : on affirme que, pour appuyer cet ultimatum, des troupes austro-hongroises sont prêtes à envahir la Lombardie et la Vénétie.

Deux extraits significatifs posent nettement la question, telle qu'elle se débat dans la conscience intime de notre sœur latine. Le *Times* dit :

« Nous espérons avec confiance qu'il y a, en Italie, des têtes froides capables de faire une juste estimation des choses pendant qu'il en est temps encore. Les intérêts de l'Italie n'ont jamais été du côté de Berlin, encore moins du côté de Vienne. Sa population et son gouvernement le savent. Si l'Italie entend tourner le dos aux nations qui l'ont traitée avec tant de mépris et d'arrogance, elle a maintenant l'opportunité de le faire. L'Angleterre, sa première et sa plus fidèle alliée, saura souhaiter comme il convient la bienvenue *à son entrée dans le conflit.* »

A cette invite, la *Tribuna* répond en visant directement le complot combiné contre l'Italie par la diplomatie des deux États germaniques prétendant la lancer dans la guerre sans même la mettre en tiers dans les pourparlers diplomatiques qui ont rendu le conflit inévitable :

« Les deux puissances ont cru ne pas pouvoir prendre dans leur conseil la troisième alliée, parce qu'elles présumaient justement que l'Italie n'aurait pas pu approuver ce plan dont les effets inévitables sur la politique balkanique *auraient été contraires à ses propres intérêts.* »

Est-ce une évolution?

On ne peut le dire encore. Mais l'intérêt de l'Italie, invoqué dans les dernières phrases, est trop évident pour que le résultat final d'une telle délibération soit douteux.

La presse italienne reconnaît, dès maintenant, que l'heure est passée où la dame peut *rester à sa fenêtre.* A très bref délai, les comptes du destin seront établis et ceux qui auront gardé leur mise ne gagneront pas et perdront infailliblement.

C'est un règlement général des affaires de l'Europe qui interviendra dès que les batailles décisives auront décidé du sort de cette guerre gigantesque. Les grands sacrifices auront de grandes récompenses. Mais ceux qui les auront faits ne partageront le bénéfice avec personne — que ceci soit compris, une fois pour toutes !

Les obscurités dont s'est enveloppée la diplomatie austro-allemande et qui, à l'heure présente, retiennent encore l'ambassadeur d'Autriche-Hongrie à Paris, ont servi, d'abord, dans les relations des deux États alliés avec l'Italie. Que l'on songe encore à invoquer un article du traité de la Triple-Alliance pour jouer sur les mots et dénoncer *l'agression*, c'est une comédie assez plate et qui ne peut plus tromper personne.

Nous sommes, les uns et les autres, en présence d'une question de vie ou de mort. Si l'Italie se laisse faire, elle sera la première victime : en cas de victoire, l'Autriche-Hongrie ne peut pas demander d'autre paiement que la domination de l'Adriatique, *puisque c'est pour l'obtenir qu'elle fait la guerre*. Venise paiera : cela saute aux yeux.

Et alors, l'Italie, même si on lui offrait, ailleurs, des compensations qu'il faudrait prendre, serait bouclée pour toujours dans ses aspirations séculaires et dans son indépendance ; elle serait remise, pour des siècles, sous le talon autrichien.

En sens contraire, quelles récompenses admirables l'irrédentisme peut réclamer ! Comme dit l'*Observer* :

« elle a maintenant une occasion qui ne reviendra jamais ».

Nous n'entendons exercer aucune pression sur l'Italie, ce n'est pas notre manière ; nous sentons vivement le courant fraternel de son opinion publique qui se porte si franchement vers nous ; nous serions disposés à ne pas jeter d'autres misères et d'autres souffrances dans le plateau de la balance où nous avons mis notre existence même pour enjeu. Si le génie latin était un instant éclipsé, il rayonnerait encore en Italie ; s'il s'agissait de l'arracher au péril qui menace la civilisation, je répéterai volontiers le mot d'un de nos jeunes soldats partant pour la frontière et confiant à son père ses deux enfants, en lui disant : « Père, sauve la race ! »

Mais l'heure n'est plus aux tergiversations et aux calculs trop prudents. Il faut savoir où l'on est ; il faut se prononcer, il faut parler, il faut agir.

Avec le *Times*, je dis à l'Italie : « L'Angleterre et la France, *ses* premières et *ses* plus fidèles amies en Europe, sauront souhaiter comme il convient la bienvenue à son entrée dans le conflit. »

VIII. 11 août 1914. — Second avis aux neutres.

Cet avis leur est donné officiellement, du haut de la tribune du Reichstag, par le plus haut personnage de l'Empire allemand, et, certainement, le plus modéré, un juriste consommé, un philosophe, le chancelier Bethmann-Hollweg : « Nécessité ne connaît point de lois. Nos troupes ont occupé le Luxembourg et *peut-être* déjà la Belgique. *Cela est contraire au droit des gens;* mais nous savons que la France était prête à l'attaque, et une attaque de notre aile sur le Rhin inférieur *aurait pu nous être fatale* (pesez bien tous les termes). C'est pourquoi nous avons dû passer outre aux protestations *justifiées* du Luxembourg et de la Belgique... Lorsqu'on est menacé comme nous le sommes, et lorsqu'on combat pour le bien suprême, *on s'en tire comme on peut...* »

Il est vrai que le chancelier ajoute :

« Nous réparerons ce tort dès que nous aurons atteint notre but. »

Est-ce bien sûr? Et en tout cas, réparera-t-on la mort des braves Belges tombés en défendant leur pays, leur indépendance et le droit des gens?

Les paroles du chancelier ont été applaudies par le Parlement tout entier. C'est donc la nation souscrivant à l'atroce doctrine de ses chefs.

Avons-nous jamais proféré de telles paroles? Avons-nous jamais songé à menacer les peuples qui prétendent garder leur neutralité conforme aux traités? Ne sentons-nous pas qu'il y a, même au-dessus des nécessités de la guerre, un lien supérieur qui unit, entre elles, toutes les parties de l'humanité?

Est-il d'une sage politique d'afficher hautement un tel parti pris de ne tenir aucun compte de la foi jurée?

Au moment où les neutres se consultent, qu'ils pèsent dans leur conscience et qu'ils se rendent bien compte du choix qu'ils ont à faire. La loi qu'ils auront acceptée, ils la subiront eux-mêmes. Que répondraient-ils un jour à ceux qui leur diraient : « Nous ne vous avions laissé aucune illusion ; nous vous avions bien avertis ? »

Avec de pareilles doctrines, il n'y aura plus de respect des petits, des faibles, ou seulement des isolés. *Nécessité fait loi*, c'est-à-dire : notre ambition fait loi ; on reprend le mot de Bismarck, si souvent démenti et renié : la force prime le droit.

On se sert, jusqu'à la dernière minute, du respect du droit des gens, tant qu'il est favorable. L'ambassadeur d'Autriche-Hongrie, quoique la guerre sévisse entre les deux grands groupements européens, est resté tranquillement parmi nous. Personne ne songe à lui faire un reproche personnel d'attendre ici ses dernières instructions ; tandis que partout, en Allemagne, les agents diplomatiques et consulaires sont molestés, injuriés, frappés. Je ne parle pas des incidents pénibles qui accompagnent leur exode : les femmes arrêtées, les enfants traqués, les voyageurs paisibles poursuivis, la cravache au poing. Après une telle guerre, quelle paix prépare-t-on au monde ?

Nous supplions toutes les âmes loyales, en Europe et hors d'Europe, d'y réfléchir gravement. Le sort de la civilisation chrétienne, méditerranéenne, libérale, est entre leurs mains.

Il y a quelque chose de plus haut et de plus fort, même en politique, que de chercher l'intérêt immédiat, c'est de le marier aux règles fondamentales de la décence, de l'honnêteté et de la probité.

On répand, dans le monde entier, les affirmations les plus audacieuses : Paris est à feu et à sang, l'émeute sévit, le Président de la République a été assassiné. Croit-on que ces mensonges ne seront pas vite percés à jour, et, alors, quelle vengeance pour la vérité !

J'ai lu, ce soir, dans les journaux, deux faits lamentables. A Versailles, deux femmes, deux Allemandes, ont pris le parti de la mort plutôt que de se décider à quitter la France. Il ne faut pas que de pareils faits se renouvellent ; les femmes de naissance étrangère, même si les leurs servent contre nous, ne sont pas nos ennemies, ce sont des femmes. Elles doivent être respectées et protégées. Qu'elles le sachent toutes : l'hospitalité française leur est un sûr asile. Qu'elles fassent leur déclaration et qu'elles obéissent aux lois, elles auront les secours dont leur misère a besoin. Nous faisons la guerre aux hommes, non aux femmes ; nous faisons une guerre généreuse et humaine ; nous ne haïssons pas les hommes, nous détestons la tyrannie.

Nos enfants partis sur la frontière donnent au monde le plus noble des exemples ; dans leur pensée, le sacrifice est complet. Nous chantions : « Mourir pour la patrie, c'est le sort le plus beau, le plus digne d'envie », et nous n'étions pas sûrs que ce n'étaient pas là de simples chants. Maintenant, pour eux, « mourir pour la patrie » est une réalité, une réalité prochaine, certaine, et ils l'acceptent.

Mais, puisqu'ils ont laissé derrière eux des femmes, des enfants, le gage de l'avenir et de la grande paix qui suivra cette guerre libératrice, ils entendent que leur colère ne soit une alarme pour personne. Ils ne combattent que pour être libres : « Guerre aux tyrans ! »

IX. 12 août 1914. — Ce sera dur.

Au silence qui se fait, maintenant que le tumulte de la première mobilisation est achevé, on sent que la gravité des événements pèse sur les âmes. Paris et la France prennent leurs dispositions pour une guerre qu'ils savent devoir être longue et sanglante.

Les mesures arrêtées par nos généraux sont, comme il convient, tenues dans le plus strict secret ; le gouvernement nous dit ce qu'il peut nous dire, et nous accueillerons les nouvelles, bonnes et mauvaises, avec le même sang-froid, parce que nous les savons sincères.

Les leçons de 1870 ne sont pas perdues : nous ne nous emballerons ni sur les fameuses « carrières de Jeumont », qui firent pavoiser Paris pour une rumeur de Bourse, ni sur des nouvelles plus impressionnantes, à supposer qu'il nous en parvienne.

Il convient de se rendre compte exactement de la situation militaire générale, à défaut de données sur les mouvements particuliers de tel ou tel corps d'armée :

La France est comme un immense réduit assiégé. Elle est enveloppée, de Liége jusqu'à Belfort, par une puissante armée munie de tous ses moyens d'attaque, avec des ressources prodigieuses en hommes, munitions, approvisionnements, réserves. Elle doit nécessairement supporter l'effort de cette étreinte de fer.

Pour se protéger, elle s'est enveloppée, à son tour, d'un rempart presque discontinu, dont la solidité est faite de la série de nos forts, de nos camps retranchés, des levées de terre qui réunissent, par une ligne de feu presque infranchissable, Verdun à Toul et Toul à Neufchâteau et Épinal. Il y a mieux, en avant de ces places, et autour de ces places, notre armée de l'Est est massée en soutien, prête à supporter l'attaque de l'ennemi, ou, si ses chefs le jugent à propos, prête à se précipiter sur lui.

Les Allemands, après dix jours, n'ont pas cru devoir jusqu'ici s'en prendre à ce formidable bastion : ils avaient annoncé « l'attaque brusquée ». Or, leurs conseillers militaires ont jugé préférable de le tourner en traversant la Belgique : ils ont été arrêtés devant Liége. Ce temps d'arrêt a permis aux armées belge, française, anglaise de faire leur jonction, et il est parfaitement possible qu'à bref délai, nous fassions irruption de ce côté et que nous prononcions cette attaque sur le Rhin inférieur et sur Aix-la-Chapelle, dont le chancelier, dans son discours, parlait avec une réelle émotion.

Ce serait une *sortie* hors de nos retranchements, de même que la brillante randonnée d'Altkirch a été une autre sortie incidente, un raid destiné, sans doute, à couper les voies ferrées qui dominent Bâle et à troubler des rassemblements qui pouvaient faire, de la Haute-Alsace, un danger pour notre aile droite.

Attaquerons-nous ou serons-nous attaqués sur nos puissantes positions? C'est le secret de demain, d'aujourd'hui peut-être.

Quoi qu'il en soit, le temps gagné travaille pour nous. Envisageons, en effet, la situation générale. Le réduit français a pour devoir principal de *tenir* tant que, du dehors, des forces nouvelles ne seront pas venues à notre secours. Ces forces existent ; elles se massent, elles avancent ; bientôt elles entreront en ligne.

Considérons l'ensemble du champ de bataille. Il ne se limite pas à cette étroite frontière de l'Est : il couvre l'Europe entière, la terre et la mer. L'armée d'offensive contre les empires allemands ne fait qu'une seule armée avec les armées russes et les flottes anglaises ; tous ses mouvements sont subordonnés à une pensée unique, réglés par les ententes des états-majors.

L'encerclement de ceux qui nous assiègent est infaillible ; il sera fait par terre et par mer.

L'armée russe représente donc un autre cercle infiniment plus vaste, mais qui, à bref délai, s'ébranlera avec deux, puis avec quatre millions d'hommes, pour marcher, d'un pas sûr, vers les capitales des deux empires germaniques, avec, pour objectif, l'enveloppement de ceux qui enveloppent. Chaque journée qui s'écoule multiplie ces bataillons innombrables qui, précédés de cent mille cosaques, pèseront, à leur tour, sur les frontières allemandes avant le vingtième jour. Quelques heures de patience, et ce sera le tour de l'irruption slave.

Et ce n'est pas tout encore. Une autre force complète la circonvallation investissante, ce sont les flottes britanniques : celles-ci tiennent la mer : elles étendent, en avant des eaux germaniques, un réseau aux mailles serrées qui ne laissera passer ni un bateau, ni une tonne de blé ou d'orge, ni un quintal de viande : c'est, pour l'Allemagne, la guerre de famine, la plus redoutable de toutes peut-être.

L'Allemagne ne peut se ravitailler ni par la mer du Nord, ni par la Manche, ni par la Méditerranée, ni par la mer Noire, ni par la frontière russe, ni par la frontière belge, ni par la frontière française.

Combien de temps durera-t-elle à ce régime? Cela dépend de la capacité de privation des estomacs allemands.

On comprend bien, en tout cas, que c'est elle qui est la place assiégée, que c'est à elle qu'incombe la nécessité des sorties désespérées. Si encore elle pouvait se ravitailler sur le territoire ennemi, c'est-à-dire vivre sur le pays... Le *pays*, c'est la riche France et la plantureuse Belgique.

Conclusion : jusqu'au dernier homme nous devons défendre notre frontière puisqu'elle protège non seulement nos territoires et nos foyers, mais aussi nos moissons et nos ressources. Jusqu'au dernier homme nous devons « tenir », pour attendre le secours certain qui nous arrive du dehors. De ligne en ligne, de camp retranché en camp retranché, de fort en fort, en nous accrochant à tous les obstacles, à la moindre rivière, à la moindre chaîne de collines, nous devons tenir ; le salut est à ce prix.

Ne doutons pas, un instant, de la victoire finale : il est impossible que son heure ne sonne pas. Et laissons le soin à nos généraux de décider si la meilleure des défensives n'est pas encore l'offensive.

Au moindre fléchissement des troupes qui nous environnent, il faudra nous lever et foncer à notre tour.

Leurs munitions et leurs ressources ne forment qu'un rideau, tout comme leurs armées elles-mêmes. Derrière, il n'y a rien ; ou plutôt derrière, il y a, au delà d'un immense pays sans défenseurs, les armées russes ; et, au cœur de ce pays, il y aura le désarroi et la famine. Comptons non seulement sur le courage et l'élan, mais sur la patience, le sang-froid et surtout la ténacité. Ce sera dur ; mais nous vaincrons.

X. 13 août 1914. — Tout par la vérité !

Le « communiqué » du gouvernement anglais sur les nouvelles de la guerre est, suivant la manière britannique, un modèle de netteté, de loyauté et de sûreté. On voit bien qu'on est en présence d'un gouvernement d'opinion, habitué à compter sur l'opinion et désireux de garder, avant tout, la confiance du pays.

Le contraste est frappant avec les « communiqués » allemands qui filtrent à travers la frontière : ceux-ci ne cherchent qu'à tromper et à embrouiller. On transforme en grandes victoires des rencontres qui ne comportent même pas, de part et d'autre, l'effectif d'un régiment ; on fait capituler tous les jours, depuis une semaine, les forts de Liége qui continuent à canonner leurs assiégeants.

Nous n'avons, en France, qu'un parti à prendre : celui de la vérité pure et simple. Vérité, clarté, c'est ce qu'il faut au peuple français ; dans l'état moral nouveau créé par la guerre, il est prêt à tout accepter, même les alternatives inhérentes à un conflit qu'il sait devoir être long et incertain pendant des semaines et des mois.

On parle du désir très légitime de ménager les nerfs du public. Il n'y a plus de nerfs, puisqu'on est décidé à tout. On a déjà cité le mot du Président de la République : « Nous saurons taire ce qu'il faut taire, mais nous ne dirons rien que de vrai. »

Ce mot est bon à répéter pour assurer le calme de l'opinion que de fausses nouvelles, venues on ne sait d'où, tendent sans cesse à ébranler.

Les départements savent très mal ce qui se passe, et nos soldats moins encore. Il est question, paraît-il, de faire afficher, dans les endroits où nos troupes sont massées, une sorte de « Journal de l'armée ». Très bien ! Mais il est une façon tout aussi bonne de procéder et qui, d'ailleurs, ne peut nuire à l'autre : c'est de faciliter l'arrivée jusqu'au front de tous les journaux. Puisque le ministère de la Guerre exerce sur eux, en vertu de l'état de siège, un contrôle sévère, nulle fausse nouvelle ne peut filtrer et les autres doivent être connues ; ce qui est bon pour la nation est bon pour la nation armée.

Le soldat français gagnera en courage et en endurance s'il comprend, de mieux en mieux, chaque jour, la grande cause qu'il sert. On peut s'en rapporter à lui ; il saura trouver, dans l'aliment que nous lui fournissons, ce qu'il faut pour nourrir son esprit et élever son âme. C'est encore une force à opposer au mensonge allemand ; tout par la vérité !

XI. 14 août 1914. — Mensonge naval.

Le maquillage des navires de guerre, le *Gœben* et le *Breslau*, dans les eaux des Dardanelles, pose une question de droit et une question de fait.

La question de droit a été parfaitement élucidée par les juristes experts en matière de droit international, et notamment par la consultation de Mᵉ Clunet. Cet « acte de vente » est absolument contraire aux conventions signées par les puissances et, en particulier, par l'Allemagne. Le « transfuge du pavillon » est dans le cas prévu par la convention de Londres : « Il y a présomption absolue de nullité : 1º si le transfert a été effectué pendant que le navire est en voyage ou dans un port bloqué ; 2º s'il y a faculté de réméré et de retour. »

Plus formel encore, si possible, est l'article 26 du *Règlement international des prises maritimes*, délibéré par les jurisconsultes allemands à Heidelberg, dans son article 26 : « La nouvelle nationalité ne peut être acquise au navire *par une vente* faite en cours de voyage. »

La nullité d'un tel contrat intéresse toutes les puissances signataires du traité de La Haye : elles sont liées l'une à l'autre ; elles ont toutes un droit et un devoir égal à se déclarer lésées par une telle violation d'un contrat synallagmatique.

L'Allemagne avait engagé sa signature ; elle la viole encore. Il n'y a qu'à marquer les points.

Mais la Turquie? Accepte-t-elle toutes les responsabilités résultant du fait d'être partie dans un tel contrat? Si oui, elle se soumet, du même coup, aux représailles. A-t-elle réfléchi à toutes les conséquences? Elle se met en dehors du droit public, en dehors du droit des gens. Elle annule les traités qui la protègent. Or, l'existence de la Turquie repose sur une base purement conventionnelle : si elle la détruit, elle se détruit elle-même.

Les flottes anglo-françaises, sans parler de la flotte russe de la mer Noire, sont indubitablement maîtresses de la Méditerranée. Elles sont en mesure et en droit d'agir pour réparer le mal qui leur est causé. Constantinople est à la merci d'un raid de torpilleurs, on l'a bien vu lors de la guerre italo-turque. Si l'incident récent met les puissances alliées dans la nécessité de se protéger contre l'irruption possible de vaisseaux de guerre qui se masquent sous le drapeau turc, elles sont libres de le faire au gré de leurs convenances. La Turquie entière, avec son immense littoral sans abri, s'expose, de gaieté de cœur, à l'action combinée des forces alliées. Ici, comme ailleurs, le droit a pour lui la force.

Verra-t-on Constantinople et les villes turques du littoral courir les chances d'un bombardement, verra-t-on l'empire ottoman risquer son existence pour défendre la rapine allemande sous le mensonge d'un trafic abominable? Aux derniers conseillers de la Turquie d'y réfléchir et de se prononcer.

XII. 15 août 1914. — L'état de guerre.

Quand la tribu se sent en péril, elle se lève pour combattre. Les hommes se distribuent les postes ; les femmes mettent les aliments et les petits sur leur dos et se préparent aux longues marches des attaques ou des retraites : ceux qui commandent sont obéis.

De longues années de prospérité ont pu atténuer parmi nous ces instincts ; mais ils subsistent. L'état de guerre, c'est l'état normal de l'humanité ; la paix, c'est l'exception.

Et c'est pourquoi les penseurs, les historiens ont signalé les vertus bienfaisantes de la guerre. Elle ramène l'homme à la réalité de sa vie périssable ; elle restaure le principe de toute société, l'esprit de sacrifice.

Nous attachions un prix extraordinaire à la vie individuelle : soudain, nous nous apercevons qu'elle ne compte pas : ce qui compte, c'est la survie de la race ; les feuilles sont innombrables, elles se renouvellent et périssent chaque année ; ce qui demeure, c'est le tronc.

L'état de guerre crée le courage parce qu'il l'emploie ; il crée l'union parce que tous ont besoin les uns des autres ; il consacre l'égalité parce que, à la guerre plus encore que dans la vie ordinaire, un homme vaut un homme. Il n'y a pas de petits services, il y a le service. On comprend alors la grandeur de la devise héraldique : « Je sers. »

L'état de guerre crée la discipline. En face du péril, les discussions tombent. La palabre est le fait du repos ; la sécurité s'amuse aux harangueurs. Mais, en temps d'alarme, il faut des hommes jeunes, vigoureux, musclés, n'ayant pas peur : pour les actes, des hommes d'action. C'est un très grand changement.

Ce changement s'est accompli sous nos yeux de telle façon qu'il ébranle les philosophies les plus assurées d'elles-mêmes.

On disait que nous avions perdu le sens de la discipline nationale, que l'état social, chez nous, n'était plus qu'une anarchie livrée à la concupiscence et à l'adoration du veau d'or : et, soudain, l'unité s'est reformée à la lecture de deux lignes écrites à l'encre bleue sur un papier collé avec quatre pains à cacheter sur les parois des bureaux de poste.

C'est à ce chiffon que quatre millions d'hommes se sont soumis d'un seul élan. Pas un refus, pas une résistance. Tout le monde à son poste de combat ; tout le monde à la frontière. Les femmes ont refoulé leurs larmes et sont retournées à leur tâche, en préparant les robes noires. Les pessimistes avaient tort ; l'optimisme voyait clair : la race est digne de vivre.

On croyait ce peuple sans religion : il a retrouvé en lui la religion qui unit et la religion qui relève. Quand on ne craint pas la mort, c'est qu'on croit à une autre vie, à une vie qui vainc la mort : c'est d'une logique rigoureuse. Nos ministres — on le disait hier — ont rallumé les étoiles et ils mettent des aumôniers dans les régiments et à bord de nos vaisseaux.

Quelles seront les conséquences morales de ces intimes évolutions? Personne ne peut le dire. Ce miracle a été accompli la veille du jour où l'on chassait les dernières congrégations. L'idéal n'a pas voulu qu'il y eût cette tache sur nos drapeaux.

Une grande pacification suivra peut-être la tuerie affreuse que le monde et la France doivent subir. Un vieillard disait, d'une voix d'autre monde : « Cette guerre était nécessaire ; et après, la vie sera très douce. »

J'assiste, depuis la fondation, aux séances du comité du Secours national. Là sont réunis les prêtres catholiques, protestants, juifs, les représentants de l'aristocratie et de la Confédération générale du travail. Les discussions ont lieu avec un ordre et une décence parfaite sous l'œil cordial du président de l'Académie des sciences, M. Appell. C'est un cœur unanime qui préside aux délibérations, aux décisions, aux distributions de secours : nulle méfiance, nul souvenir des injures d'hier ; ce cœur est le cœur de la France. Nous voudrions que le peuple entier assistât à ce spectacle et comprît combien il s'aime lui-même.

Ceux qui combattent la sentent, la pressentent, la représentent, cette unanimité. Aux pires jours, quand il ne restait plus rien en France, il restait l'honneur, il restait l'armée. C'est elle qui, aujourd'hui encore, refait notre patrie. Que nos soldats combattent d'un brave cœur ; et, puisqu'il faut qu'un peuple paye, qu'ils paient pour nous. Ils refont une chose indéfinissable, mais qui sera la récompense de notre époque, si supérieure à ce que l'on attendait d'elle : ils refont l'âme nationale par le sacrifice et par la guerre.

XIII. 8-15 août 1914. — La première semaine.

Les affaires de Serbie ont motivé, de la part des puissances germaniques, des déclarations successivement péremptoires qui se sont transformées, avec une soudaineté voulue, en ultimatum à l'adresse de la Russie. La Russie n'a pas cru devoir obtempérer aux ordres de Vienne transmis par Berlin, et, sans même faire appel à l'alliance et avant qu'elle ait eu le temps de découvrir un terrain de négociations, elle s'est trouvée en présence d'une déclaration de guerre de l'Allemagne. Le Livre blanc publié en Allemagne et les lettres échangées entre l'empereur Guillaume et l'empereur Nicolas sont tout à fait probantes à ce sujet.

La publication du Livre bleu anglais permet de constater, d'autre part, que, contrairement aux allégations de la diplomatie allemande, celle-ci était au courant des conditions draconiennes que l'Autriche prétendait imposer à la Serbie. Il y a donc eu partie liée sous le manteau ; les deux Empires avaient parfaitement repéré leur jeu, et ils allaient consciemment vers la rupture, vers l'ultimatum et vers la déclaration de guerre.

Dès le début, on eut le sentiment très net en France que l'Allemagne était décidée à aller jusqu'au bout et qu'elle procéderait à une attaque préventive, si nous n'étions pas prêts. Le *casus fœderis* nous mettait en demeure de suivre la Russie, puisque deux puissances marchaient contre elle ; en outre, un intérêt vital nous forçait à une mobilisation générale. Notre gouvernement attendit jusqu'à la dernière extrémité. Mais l'Allemagne prit l'initiative de la rupture en demandant les passeports de son ambassadeur. On sait de quelle façon notre ambassadeur à Berlin, M. Jules Cambon, fut expulsé de Berlin par la voie du Danemark.

La rupture entre l'Allemagne et la France posait à l'Angleterre la question de savoir quelle attitude elle allait prendre. Entre les deux pays, il n'existait pas de traité d'alliance, mais bien une convention d'état-major, remontant au 22 novembre 1912 ; c'est à partir de cette époque, en effet, que l'*Entente*, qui pouvait n'être, pour nous, qu'une immense déception, s'était précisée par un échange de lettres visant les plans des états-majors en cas de guerre européenne. L'Angleterre avait à se prononcer sur cette éventualité ; en plus, la neutralité de la Belgique était violée par les armées allemandes. De toutes parts, l'Angleterre était assiégée, en quelque sorte, par l'exigence du conflit.

C'est alors qu'eurent lieu, entre sir Edward Grey et l'ambassadeur d'Allemagne à Londres, les conversations mémorables relatées par celui-ci et publiées dans un *Livre bleu*, conversations qui resteront comme un monument incroyable de l'infatuation diplomatique, de la maladresse orgueilleuse qui ont caractérisé les actes de la chancellerie impériale allemande.

Tandis qu'elle avait un intérêt décisif à garder les apparences du bon droit, du respect des traités, elle viole sa parole sur tous les points à la fois en déchirant les conventions qui sont une des bases principales de l'ordre européen, celles qui garantissent l'indépendance et la neutralité de la Belgique. En agissant ainsi, l'Allemagne force la Belgique à défendre son territoire et elle force l'Angleterre à se déclarer.

Et ce n'est pas tout : par une aberration inouïe et une méconnaissance profonde des situations respectives en Europe, le gouvernement allemand, pour s'assurer la neutralité de l'Angleterre, ne déclare-t-il pas à celle-ci qu'il se contenterait, en cas de victoire, de faire siennes les colonies françaises : c'est comme si l'Allemagne eût dit à l'Angleterre : « Laissez-moi, avec votre consentement, devenir la maîtresse des mers. »

Cette conversation fut décisive. Au nom de l'Angleterre, sir Edward Grey répondit la seule chose qu'il y eût à répondre : « Ce serait une honte pour la Grande-Bretagne d'agir ainsi, une honte dont elle ne se relèverait jamais. »

Et les positions des deux puissances furent prises définitivement : l'Angleterre faisant jouer la convention d'état-major de novembre 1912 et donnant tout son appui à la France.

La Grande-Bretagne avait également répondu, au sujet de la Belgique, qu'elle ne pouvait pas accepter le *marché* proposé par l'Allemagne.

La Belgique, ayant posé la question à l'Allemagne et à la France, la France avait répondu qu'elle s'engageait à respecter la neutralité belge garantie par les traités ; l'Allemagne n'avait pas voulu prendre un engagement analogue. Dès le dimanche 2 août, le territoire neutre du Luxembourg avait été occupé par les troupes allemandes. Et, le 4 août, le territoire belge était violé par une armée allemande, commandée par le général von Emmich, se dirigeant sur Liége.

Comment le gouvernement allemand justifiait-il cette violation du droit des gens et de la parole jurée? Il suffit de citer les paroles du chancelier de l'Empire, un juriste, un modéré, M. de Bethmann-Hollweg, dans la séance du Reichstag du 4 août : « *Nécessité ne connaît point de loi.* » Nos troupes ont occupé le Luxembourg et peut-être déjà la Belgique. (*Mouvements, applaudissements.*) *Cela est contraire au droit des gens*, mais nous savons que la France était prête à l'attaque (les assurances contraires étaient données à la Belgique, et nos formations étaient toutes tournées vers la frontière de l'Est) et une attaque de notre aile gauche sur le Rhin inférieur eût pu nous être fatale (elle va précisément se produire par la faute de l'offensive allemande, avec le renfort des troupes belges et britanniques ; l'aberration est prodigieuse). C'est ainsi que nous avons dû passer outre aux protestations *justifiées* du Luxembourg et de la Belgique. Nous réparerons ce tort lorsque nous aurons atteint notre but. Lorsqu'on est menacé comme nous le sommes, et lorsqu'on combat comme nous pour le bien suprême, *on s'en tire comme on peut.* »

On s'en tire mal. En tout cas, la violation du territoire belge décida de l'adjonction, à l'alliance antiallemande, de la Belgique et de l'Angleterre. Avec la Serbie, c'étaient cinq puissances qui étaient groupées pour abattre les puissances ostentatoirement violatrices de la liberté des peuples et du droit des gens.

L'Italie, en présence d'une pareille situation, se tenait sur la réserve et ne faisait pas jouer le *casus fœderis;* un élan de sympathie rapprochait visiblement l'opinion et les foules de ses vieilles amies et alliées, la France et l'Angleterre.

La position militaire est aussi claire et aussi forte que la position diplomatique. La France attire sur elle le plus gros des forces de l'adversaire ; sa frontière entre Verdun et Belfort est couverte et résistera longtemps, à moins que ses chefs ne préfèrent, à bref délai, prendre l'offensive. Cependant, sur les ailes, deux opérations se dessinent : l'une sur les Vosges a, déjà, dans un très beau raid, occupé Altkirch, puis Mulhouse, qui fut, d'ailleurs, abandonné depuis ; ce raid a eu pour objet évident de couper les communications du gros des troupes allemandes avec Bâle — point stratégique capital, et de tenir en haleine la haute Alsace. En même temps, des corps d'occupation se rendaient maîtres des principaux cols des Vosges : le col du Bonhomme, le col de Sainte-Marie-aux-Mines. Partout, les portes de l'Alsace sont ouvertes.

A l'extrême gauche, les forces du général von Emmich s'étant heurtées à la résistance héroïque des forts de Liége, ont dû suspendre leur mouvement. Elles ont perdu du monde et ont dû manquer d'approvisionnements et de munitions, puisqu'elles ont demandé un armistice, qui, d'ailleurs, leur a été refusé.

La ville de Liége est occupée, mais les forts sont intacts et tiennent bon. Cependant, l'armée anglo-belgo-française s'est formée ; elle a dû avancer vers la Meuse ; elle a certainement pris le contact avec les troupes allemandes.

On sent qu'à très bref délai, des événements décisifs vont se précipiter.

L'Allemagne n'a pas une minute à perdre. La Russie achève sa mobilisation ; avant huit jours, huit cent mille Russes pénétreront sur son territoire !...

Voilà donc le tableau de cette semaine anxieuse, où la France s'est montrée calme, courageuse, résolue, où tous ses enfants se sont unis comme la phalange antique par un sentiment de dévouement à la patrie, où les grands peuples représentant la civilisation européenne se sont levés pour défendre l'honneur, l'indépendance, le Droit.

XIV. 16 août 1914. — Résurrection de la Pologne.

Quel admirable cadeau le tsar fait à l'Europe nouvelle en proclamant la résurrection et l'autonomie de la Pologne ! Ce cauchemar pesait sur l'Europe ; une nationalité dépecée, pantelante, vivante et morte à la fois sous le couteau de ses oppresseurs. Il n'y avait pas un homme juste, une population opprimée qui ne tournât les yeux vers cette Pologne, aînée de toutes les martyres.

Je vois encore le vieil Henri Martin recevant, quelques jours avant la déclaration de la guerre de 1870, la dernière délégation polonaise venant implorer le secours de la France. Quand la France fut abattue, c'en fut fait de la Pologne : *Finis Poloniæ!* Mais j'entends aussi ceux du lendemain, les historiens au regard profond, comme mon ami Albert Sorel, disant avec entêtement : « Tout cela finira par la résurrection de la Pologne ».

Mais où, par qui, comment? Qui eût pu penser que ce serait de la main du tsar russe que ce miracle serait accompli?

Et, pourtant, un homme y pensait en Europe, et c'était précisément le tsar Nicolas ; je puis le dire maintenant. Quand il vint à Paris en 1896, jeune encore, récemment monté sur le trône, accablé et comme effaré des lourds devoirs qui pesaient, dès lors, sur ses frêles épaules, il daigna se confier à celui qui signe cet article ; il eut avec lui un long entretien où il lui ouvrit son cœur.

Dans cet entretien mémorable, dont je notai tous les détails, il aborda, de lui-même, le sujet douloureux et me dit : « Je sais quels sont mes devoirs envers nos frères slaves de Pologne ».

Pendant dix-huit ans, je me suis tu ; je puis parler aujourd'hui... Depuis lors, j'ai suivi les sages et lentes manifestations de la volonté impériale. A diverses reprises, des mesures d'adoucissement, — trop souvent contrariées par l'administration et par certains partis de la Cour qui ne savaient pas, eux, — prouvaient que le maître n'avait pas oublié. Quand le tsar Nicolas prit l'initiative de la réunion de la conférence de La Haye, je compris qu'il cherchait, si possible, le moyen de réaliser par la paix ce qu'il n'eût pas voulu payer de la rançon d'une grande guerre ; et, tout récemment, quand, se mettant en travers de la volonté du Conseil de l'Empire, il promulguait *proprio motu*, par un ukase sans réplique, que la Majesté Impériale *voulait* que la Pologne conservât l'usage officiel de sa langue et le recours direct à l'autorité suprême, je sentis bien que l'heure des grandes réalisations allait sonner.

La libération, la résurrection de la Pologne est donc le résultat d'un dessein longuement prémédité ; la mesure n'est pas une mesure de circonstance, improvisée pour les besoins d'une guerre décisive, c'est la suite logique d'un long effort aboutissant à l'heure où il doit aboutir. Deux grands peuples frères se réconcilient. On peut dire que la guerre elle-même prend désormais son véritable caractère ; elle devient, à la voix du tsar, la guerre libératrice.

Comment ne pas mettre en contraste avec ce magnifique *mea culpa* de l'histoire chez l'un des copartageants, la parole satanique dont Bismarck n'a pu parvenir à se laver : « Les Slaves, il faut les écraser contre le mur ! »

Et quel retentissement immense le geste de l'Empereur, évoquant la nationalité polonaise couchée dans le tombeau de Lazare, ne doit-il pas avoir sur tous les opprimés de l'Univers? Slaves de Galicie, Slaves de Bohême, Slaves du Sud, Italiens du Trentin, Alsaciens-Lorrains, Danois du Slesvig, tous, tous, vont pousser dans leur cœur et de toute la force de leur âme, le cri de gratitude, le cri de foi pour le tsar libérateur !

Souvenez-vous de ce que fut, dans la lutte de Napoléon contre l'Europe, cette décision : la création du grand-duché de Varsovie. De ce jour, la Sainte-Alliance jura sa perte. Mais dans sa défaite finale, l'homme qui fut, peut-être, de tous les hommes d'État, celui qui eut la conscience la plus forte de ce qu'était l'Europe, savait ce qu'il avait fait en semant le principe des nationalités. Il disait à Sainte-Hélène : « Le premier souverain qui, au milieu de la première grande mêlée, embrassera, de bonne foi, la cause des peuples, se trouvera à la tête de toute l'Europe et pourra tenter tout ce qu'il voudra. »

Voici donc le premier jalon de cette restauration du monde qui fait le souci anxieux de tous ceux qui pensent au lendemain.

Après cette affreuse guerre, cette guerre nécessaire pour exorciser l'esprit démoniaque qui pousse l'Allemagne à la plus frénétique des agonies, quelle sera l'Europe nouvelle ?

Des gestes comme celui qui vient d'être accompli ne se reprennent pas. La proclamation du grand-duc Nicolas découvre le principe dont la victoire dégagera toutes les conséquences : « ... Sous ce sceptre renaîtra la Pologne, libre dans sa religion, dans sa langue, dans son autonomie. La Russie n'attend de vous que le respect des droits de ces nationalités auxquelles l'histoire vous a liés. » Et, allant plus loin encore, évoquant avec hardiesse l'admirable idée d'une union qui rapprocherait les sœurs séparées, l'orthodoxie, le catholicisme, tous les christianismes, il ajoute : « L'aube d'une vie nouvelle commence pour vous. Que dans cette aube resplendisse le signe de la Croix, le symbole de la souffrance et de la résurrection des peuples ! »

Jusqu'où cette parole ne retentira-t-elle pas ?...

Enfin l'Europe, le monde libéral, les pays de la civilisation et de l'idéal savent pourquoi ils se battent. Cette guerre n'aurait-elle d'autre objectif que celui qui vient de leur être indiqué, cela suffirait. Cela suffirait pour qu'un souffle de confiance, un élan de victoire soulevât toutes les âmes.

Qu'ils nous disent donc, les autres, pourquoi ils se battent : pour maintenir le joug des hobereaux et des traîneurs de sabre. « C'est une guerre d'officiers, » comme disait le soldat allemand ramassé sur le champ de bataille de Liége.

Nous ferons une Europe nouvelle, une Europe libérée et unie. Tous ceux qui ont souffert sous la tyrannie casquée, tous ceux qui ont été cadenassés dans leur servitude par la plus dure des politiques que le monde ait connues, tous ceux qui sont visés dans leur liberté, dans leur indépendance, doivent se relever, et s'ils ne peuvent pas le faire, si la crainte des plus affreuses représailles les retient encore, qu'ils se taisent, et qu'ils attendent.

Nous sommes assez nombreux et assez forts pour soutenir toutes les causes justes. La France est habituée à ces sacrifices. Il lui fallait, seulement, sentir que son cœur battait à l'unisson de celui de ses alliés ; c'est fait : L'Angleterre « ne veut pas se couvrir de honte ; » la Belgique ne veut pas subir le joug ; la Russie ressuscite la Pologne. Allons donc, sans peur et sans reproche, à la grande bataille de demain. Devant le tribunal de Dieu, la cause est entendue.

XV. 17 août 1914. — La reprise du travail.

De l'avis de tous, notre mobilisation militaire a été parfaite de tous points ; par contre, nos dispositions financières ont laissé à désirer.

Sans revenir sur le passé, il est permis de se demander si les mesures prises, au premier abord, pour parer à l'émotion financière qui a suivi la déclaration de guerre, peuvent être maintenues plus longtemps sans un grand danger pour l'ordre public. Dans toutes les conversations, il n'est question, en ce moment, que de la nécessité absolue de parer au chômage et à la misère menaçante, par la reprise du travail. De nombreuses industries ne sont pas réduites à l'inactivité absolue par la guerre, ni même par la mobilisation d'une partie des patrons, des employés, des ouvriers. Il en est beaucoup qui sont en mesure de « marcher », sinon à plein, du moins à demi-travail.

Dans une réunion des syndicats de la couture que j'ai eu l'honneur de présider aujourd'hui, les chefs d'entreprises qui étaient là réunis se déclaraient prêts à faire, dans ce sens, un très sérieux effort. M. Shoninger, président de la Chambre de commerce américaine de Paris, a déclaré avec beaucoup d'à-propos et de netteté que les dames américaines du Nord et du Sud n'avaient nulle raison pour renoncer à dépenser selon leurs besoins et leurs goûts et à acheter à Paris les objets de luxe et même de mode que nous leur fournissons. Il ajoutait même dans un sentiment très délicat : « Tout au contraire ! »

A plus forte raison, nombre d'industries, par exemple la meunerie, les lainages, les filatures de coton, les raffineries de pétrole, certaines constructions mécaniques, l'industrie des cuirs, ont à faire face à des besoins permanents et le marché n'a pas de raisons de se dérober. La France jouit d'un grand avantage, puisqu'elle garde à sa disposition tous les débouchés du monde, — sauf ceux des pays belligérants, — par la maîtrise de la mer.

Que faut-il donc? Reprendre confiance et surtout retrouver de l'argent et du crédit. L'argent et le crédit ne manquent pas : c'est le moyen de les mobiliser que des mesures un peu trop draconiennes ont supprimé brusquement. Déjà des atténuations prudentes ont modifié un état de choses qui ne pouvait se prolonger plus longtemps. Les intéressés se sont mis en mouvement et on a commencé à leur prêter l'oreille.

C'est bien, mais ce n'est pas assez ; il faut en revenir pour les effets de commerce, pour les réescomptes à la Banque de France, pour l'utilisation des dépôts, à un état de choses sensiblement voisin de l'*ante bellum*.

L'industrie d'abord, le commerce bientôt, si on les encourage et si on les soutient, suivront l'exemple et reprendront confiance. Les grands chômages seront évités du jour où on aura rendu aux patrons et aux intermédiaires la possibilité de payer et d'être payés.

La confiance publique a laissé carte blanche au gouvernement ; mais il ne faut pas qu'il en abuse. La guerre sera longue : en attendant, il convient que, dans la mesure du possible, l'existence normale reprenne son cours. Avant tout, il faut vivre. *Primo vivere.*

XVI. 18 août 1914. — Le sang-froid financier.

Enfin, les pouvoirs publics s'émeuvent ; ils ont entendu les réclamations venues de toutes parts, au sujet de la stricte application du *moratorium* aux échéances commerciales, aux comptes courants dans les banques. On ne dit pas encore ce qu'on va faire, mais on déclare qu'il y a quelque chose à faire.

Il n'est que temps !

En 1870, un amendement établissant le *moratorium* avait été soumis à la commission du Corps législatif chargée d'examiner le projet de loi relatif aux échéances. Cet amendement fut écarté en vertu des considérations suivantes :

« Les comptes courants sont indispensables pour la vie commerciale ; l'on ne comprend pas les ateliers ouverts, des fabriques marchant, des ouvriers occupés sans l'existence de comptes courants. Il faut que les fabricants puisent chez les banquiers les sommes dont ils ont besoin pour payer les ouvriers qui travaillent à la fabrique et pour que le salaire ne soit pas en souffrance. Arrêter les comptes courants et les empêcher de produire leurs effets, c'est fermer les ateliers et conduire le commerce à la mort. »

De ces observations, il n'y a pas un mot à retrancher. Un journal anglais fait observer que l'attitude prise par les maîtres de notre marché est, pour la France, une défaite économique dont elle ressentira longtemps les effets. Tuer le crédit, arrêter les affaires dans un pays si riche et si actif, c'est vraiment un contresens.

Un de mes correspondants prend texte de mon article d'hier, la « Reprise du travail », pour m'écrire :

« Cette reprise ne pourra avoir lieu pour la majorité des commerçants et industriels qu'à deux conditions :

1º Que les établissements de crédit et banques acceptent comme en temps ordinaire (peut-être l'agio pourrait-il être un peu augmenté) les traites à l'escompte et à l'encaissement, tant pour Paris que pour la province ;

2º Que le service des chemins de fer soit rétabli à peu près normalement pour effectuer les expéditions en province et à l'étranger. »

Il n'y avait aucune raison pour suspendre brusquement le travail national. On ne le répétera jamais assez : tous nos débouchés restent ouverts. Énumérons : la Belgique, la Hollande, la Suisse, l'Italie, tous les peuples méditerranéens, l'Espagne, l'Amérique entière, l'Angleterre, les colonies anglaises et le reste du monde. Nous avons perdu l'Allemagne, l'Autriche, et, en raison des difficultés de communication, la Russie ; mais ce ne sont pas nos principaux clients. Et, par contre, quelle occasion admirable se présente à nous pour ressaisir les marchés où nous luttions trop mollement contre la concurrence germanique. Celle-ci est sidérée pourvu que nous sachions prendre sa place.

A l'intérieur, l'activité nationale reprendra si on lui en donne les moyens. Voyez ce qui s'est passé dans l'agriculture : on a bien trouvé des bras pour rentrer les récoltes ; on en retrouvera pour les autres tâches, puisque chacun sait qu'il faut vivre. Le désœuvrement peut seul porter atteinte à l'admirable unité morale qui s'est manifestée sur toute la surface du pays.

Puisque nous parlons de l'agriculture, comment ne pas envisager la prochaine campagne sucrière, qui commencera dès le début d'octobre par l'arrachage des betteraves? Refusera-t-on à cette industrie laborieuse les moyens de faire, elle aussi, sa récolte et de fabriquer ses produits si nécessaires à l'alimentation et qui répandent le bien-être sur le territoire de nos plus riches départements? Et les vendanges n'exigeront-elles pas une autre activité, largement récompensée?

Le commerce n'attend qu'un signe, une parole d'encouragement pour venir en aide à notre industrie. Nos commissionnaires sont prêts à reprendre leurs carnets d'achats, si on les délivre du cauchemar du non-paiement et du manque de crédit.

Il ne s'agit nullement d'agir par à-coups et de rouvrir brusquement la porte qu'on a fermée si violemment : qu'on l'entr'ouvre seulement, mais qu'on laisse passer tout ce qui montre patte blanche, c'est-à-dire tout ce qui dispose d'un réel crédit, selon les conditions qu'on appelle *statutaires* à la Banque de France.

Tout le monde comprend qu'il faut défendre, avant tout, notre trésor de guerre. Mais le retour à la vie normale est aussi une condition du sang-froid et, par conséquent, de la victoire. Les Français n'ont nulle intention de se désaccoutumer du travail sous prétexte que les jeunes hommes sont, en masse, sur la frontière.

Il y a une difficulté réelle : c'est le départ des chefs d'industrie, des employés, des ouvriers d'élite. Mais c'est le cas ou jamais de faire appel aux vétérans. Et puis, les femmes françaises ont été signalées, depuis longtemps, par tous les observateurs, comme d'admirables organisatrices : elles se substituent au mari quand celui-ci est employé au loin ou disparaît : elles sont des débrouillardes. Ce n'est pas en se contentant de tirer l'aiguille qu'elles travailleront pour la patrie.

Avec les hommes âgés, les jeunes gens, les femmes, il reste largement de quoi alimenter l'activité générale. Que les chefs de nos grands établissements jettent seulement un coup d'œil sur le pays; il leur donne l'exemple de la confiance. Et la confiance, c'est le crédit.

XVII. 20 août 1914. — Dans l'attente.

Qu'il s'agisse de la diplomatie, qu'il s'agisse de la guerre, nous sommes toujours dans l'attente. Cette attente n'a rien, en soi, qui doive nous préoccuper puisqu'elle nous aide, en ce sens qu'elle permet à l'Angleterre et à la Russie de nous apporter l'appoint de forces toujours croissantes.

La préparation allemande, cette fameuse préparation qui devait montrer au monde la supériorité de leurs méthodes et de leur incomparable « machine », a fait incontestablement faillite sur le champ des relations internationales; cependant, il faut s'attendre encore à des retours, et il est bon d'y pourvoir. D'après les dernières nouvelles, l'empereur Guillaume aurait fait un effort personnel pour modifier l'état d'esprit qui s'est manifesté antiallemand aux États-Unis ; il aurait protesté contre la « campagne de calomnies » qui aurait, selon lui, causé tout le mal. Et, pourtant, il est facile à l'opinion américaine de s'éclairer sur tant de phrases sonores.

Est-il vrai, oui ou non, qu'il existait un ensemble de conventions internationales liant toutes les puissances l'une à l'autre et sanctionnées récemment, sur l'initiative des deux Amériques, aux conférences de La Haye? Et de ces conventions, la plus formelle, la plus indispensable pour la sécurité du monde, n'était-elle pas celle qui consacrait le droit des neutres? Or, l'invasion du Luxembourg, l'invasion de la Belgique et l'attaque des villes — ouvertes ou non — à coups de canon, n'est-ce pas la violation flagrante du droit international? Ces violations de la foi jurée, qui les a commises?

Les atrocités qui se multiplient contre les hommes désarmés, contre les villages inoffensifs, contre les femmes et les enfants, — et cela par ordre, — n'est-ce pas encore une série de faits patents, confirmés par des attestations non douteuses et par les correspondances mêmes des officiers et des soldats allemands?

La chose est tellement affreuse qu'on ne peut y croire; et ce qui est plus horrible, c'est qu'on finirait par s'y habituer. Il faut donc le répéter sans cesse, tous les jours, jusqu'à satiété, pour tuer leurs mensonges comme ils achèvent nos blessés. Nous aurons contre eux la rage de la vérité.

Que ces lointains amis de l'humanité qui sont nos juges se renseignent, qu'ils comparent et qu'ils se prononcent ! On mettrait en vain en opposition avec les sentiments qui doivent faire naître de tels excès, de prétendues appréhensions politiques provoquées par l'intervention du Japon. Le Japon était lié par un traité avec l'Angleterre ; il exécute ses engagements ; mais avec quelle sagesse, quelle prudence la diplomatie anglaise a limité son action ! Toutes les garanties sont données aux États-Unis, et l'amitié de l'Angleterre, de la France et de la Russie, la fidélité de ces grandes puissances à la cause de la civilisation sont les plus sûrs garants que puisse réclamer et obtenir l'amitié réciproque de la grande république sœur.

On dit qu'une pression analogue est exercée sur l'Italie et qu'une mission allemande, diplomatique et militaire, et dans laquelle figurerait un haut personnage de la chancellerie impériale, s'est rendue à Rome en passant par Trente. C'est un peu mystérieux, et cette diplomatie masquée frise l'opéra-bouffe. Admettons ! Eh bien ! l'Italie, qui a su démêler, jusqu'ici, son intérêt et tenir tête galamment à ses puissants solliciteurs, n'a qu'à s'inspirer de ses propres sentiments. Très satisfaits de sa neutralité, comptant sur ses dispositions fraternelles, maintenant déclarées, nous n'exercerons sur elle nulle pression et nous lui dirons simplement, confiants que nous sommes en la justice de notre cause et dans son triomphe final : « Vous aussi, voyez et jugez ! »

Une autre chose nous préoccupe à juste titre, dans les circonstances angoissantes où nous sommes, c'est la situation de la vaillante Belgique. Neutre, elle a supporté presque seule, jusqu'ici, le poids de la guerre ;

ses populations, surprises en pleine joie de vivre, se sont réveillées dans l'accablement de tous les maux ; le cœur en crève de douleur. La Belgique n'a d'autre réconfort que d'avoir acquis une gloire immortelle en sauvant la civilisation et le droit.

La sagesse de son gouvernement la porte, maintenant, à prendre les mesures que la Constitution a prévues en repliant son gouvernement et son organisation civile sous la protection des canons d'Anvers. On croirait vraiment que ces braves gens éprouvent le besoin de s'en justifier. Le communiqué officiel apporte des ménagements, des délicatesses extrêmes pour expliquer un fait si naturel : « Anvers pourrait donc devenir le refuge momentané de l'armée belge, *ce dont il ne peut être encore question*, sans que cela ait une portée quelconque sur la suite des opérations ni sur le rôle que l'armée belge est *certainement* appelée à jouer dans une bataille importante en Belgique... » Et le roi Albert reste à la tête de ses troupes qui combattent en rase campagne.

Que demander de plus? La confraternité d'armes a-t-elle besoin d'autres protestations?

Il est capital que la Belgique vive. Anvers la met en mesure de prolonger la lutte. C'est un nouveau service que le génie de Brialmont rend à son pays et à l'humanité.

Nous avons donc à faire face, nous Français, à la furieuse attaque des forces allemandes en Belgique. Mais, nous sommes en nombre, nous sommes avertis et nous sommes prêts : immenses résultats obtenus par ces vingt jours à jamais mémorables. La bataille qui se fût livrée à Mézières ou à Reims, est, en tout état de cause, reportée à vingt lieues de nos frontières.

Il n'est pas nécessaire d'être grand clerc en stratégie pour comprendre que les deux puissantes armées allemandes s'avancent simultanément sur les deux rives de la Meuse. Après des efforts incessamment renouvelés, elles n'ont pu s'emparer, jusqu'ici, ni des ponts de Liége, ni des ponts de Namur, ni du modeste pont de Houx, ni des ponts de Dinant. L'armée qui opère au sud de la Meuse s'est enfoncée dans un étroit couloir d'où elle ne pourrait sortir si le moindre échec venait à la surprendre. Quant à l'armée du Nord, qui cherche le contact avec les forces alliées en avant de Bruxelles, elle est obligée d'accomplir un vaste détour avec des marches pénibles qui l'épuisent.

Il appartient à nos généraux de profiter de ces situations assez compromises pour prendre le dessus et frapper, soit au nord, soit au centre, les premiers coups qui peuvent rapidement devenir décisifs.

Et, à supposer que les alternatives de la guerre nous forcent à céder du terrain, et même si nous subissions quelque revers, est-ce que toutes nos forces de deuxième ligne ne sont pas intactes pour protéger notre propre frontière? Il y a des ressources infinies pour la défensive dans une contrée mamelonnée, boisée, ravinée et qui tient l'ennemi en état d'éparpillement. Ces pays glorieux d'entre Sambre et Meuse sont pavoisés de nos victoires.

XVIII. 21 août 1914. — La vacance du Saint-Siège.

Les événements dramatiques se succèdent. La mort du pape Pie X a fait oublier, un instant, au peuple romain les émotions de la guerre : dans le monde entier, la vacance du siège pontifical apparaîtra comme un de ces événements mémorables qui peuvent avoir sur le cours des choses une immense influence.

L'histoire enregistrera les vertus du saint pape qui, gouvernant l'Église avec son cœur, est resté fidèle à la pensée qu'il avait inscrite dans sa première manifestation apostolique : *Omnium instaurare in Christo :* « Tout restaurer dans le Christ », c'est-à-dire, en somme, dans le sentiment exclusif du divin. Notre saint Louis disait à Joinville : « Qu'est-ce que Dieu? — C'est ce qu'il y a de meilleur. » Ainsi les grandes âmes se relient à travers les siècles par le culte de l'absolu.

L'Église perd un pontife infiniment vénérable : mais elle subsiste, puisqu'elle est éternelle. Son rôle grandit chaque fois que de profondes émotions ébranlent les peuples.

Les journaux italiens ont écrit sur leurs manchettes : « Le Pape est mort de la guerre. » On comprend, en effet, que ce cœur excellent n'ait pu supporter sans un déchirement suprême la pensée des maux qui allaient accabler l'humanité. On dit que ses appels désespérés n'atteignirent pas et, en tout cas, n'ébranlèrent pas l'empereur François-Joseph, et que le vieillard pontifical ne put même faire connaître sa pensée au vieillard impérial. La balance entre eux se réglera dans l'au-delà.

Dans des circonstances si émouvantes, le trône pontifical ne peut rester vacant : il y a lieu de songer au remplacement rapide du souverain des âmes. L'Italie est décidée à faciliter, autant qu'il est en elle, la réunion du conclave ; par une circonstance qu'on pourrait qualifier de providentielle, l'Italie n'est pas mêlée au conflit : toutes les routes qui conduisent à Rome sont ouvertes. Les cardinaux sont déjà sur les chemins ou se préparent à partir. La grande majorité d'entre eux sera réunie au Vatican quand on fermera les portes sur l'assemblée qui doit nommer le successeur de Pie X.

Mais les soixante vieillards, qui tiennent entre leurs mains le bulletin par lequel sera désigné l'homme qui deviendra le vicaire de Dieu, n'auront pas à se préoccuper seulement du sort de l'Église : ils auront à pourvoir aussi aux infinies conséquences que la crise actuelle doit produire dans l'ordre des choses politiques et internationales.

La paix qui suivra cette guerre renouvellera sans doute la face de l'Europe : des réalités encore inaperçues seront apportées à la lumière par cette puissante lame de fond. Il y a quelques jours, la proclamation du grand-duc Nicolas à la Pologne libérée visait l'union dans le Christ des deux grandes familles slaves. La Pologne est catholique ; sa restauration produira, dans la balance des choses européennes, un nouvel équilibre. Hier encore, la Serbie concluait avec Rome un Concordat qui ne fut pas sans irriter fortement la cour de Vienne et qui fut certainement une des causes directes du conflit actuel. Demain, dans l'Alsace et la Lorraine libérées, les questions politiques se doubleront de questions d'ordre religieux dans la hiérarchie, dans l'administration, dans la vie journalière des peuples. Pour voir les choses de plus haut encore, qui ne sent, qu'autour de cette tombe qui vient de s'ouvrir, les deux partis qui divisent le monde sont rangés. Il y aura les cardinaux de l'alliance : français, belges, anglais, polonais, canadiens, et puis, sans doute, les Espagnols, Portugais, Américains du Nord et du Sud ; en plus, n'est-il pas permis de penser que le sang latin ne coule pas pour rien dans les veines des cardinaux italiens? Le jour est passé où le veto de l'Autriche écarterait un pape que l'empereur allemand considérerait comme indésirable. Le conclave est libre ; il agira dans le sentiment de sa pleine et entière liberté.

Pourquoi faut-il que la France n'assiste à ce débat solennel que par le groupe des six cardinaux qui la représentent? On voit, maintenant, l'étendue de la faute commise quand on supprima l'ambassade auprès du Vatican ; il est encore temps de la réparer. L'unité française refaite sous les drapeaux doit se retrouver en présence d'un autre péril, celui de voir à Rome une pression austro-allemande imposer à l'Église un pontife qui ne trouverait pas près de lui la fidélité absolue de la fille aînée de l'Église.

Il est trop tôt pour indiquer des noms, pour énumérer des titres et pour peser les chances ; ce que l'on peut dire, cependant, c'est que le conclave n'a jamais manqué à la haute règle de sagesse et d'opportunité qui fait se succéder, sur le Saint-Siège, les aptitudes personnelles qui conviennent le mieux aux circonstances. Quand le pape Léon XIII fut élu, Gambetta écrivait dans une lettre célèbre : « Cet Italien diplomate est Pape : le nom de Léon XIII qu'il a pris me semble du meilleur augure. Je salue cet avènement plein de promesse : s'il ne meurt pas trop tôt, nous pouvons espérer un mariage de raison avec l'Église... » Les *Léon*, en effet, sont les « politiques », comme les *Pie* sont les saints. Léon XIII a réalisé le pronostic.

L'Église, dans ses ressources infinies, choisira un saint, un politique, un administrateur, un diplomate, un savant... c'est le secret de demain ; mais ce dont il n'est pas possible de douter, c'est que le futur Pontife aura un rôle immense à jouer, puisque, à l'heure de la paix, il parlera au nom de la Paix.

Les lentes et pénibles conférences qui, au dix-septième siècle, aboutirent aux traités de Westphalie, furent présidées par les légats du Saint-Siège, et l'Europe, sous cette haute égide, se rassit sur elle-même pour de longues années ; les intérêts de l'Idéal ne peuvent pas être exclus de ces graves délibérations. N'est-il pas permis de penser qu'il pourrait en être de même au moment où les armes tomberont des mains, après une guerre où tous les genres de violences précipiteront rapidement les inexprimables épuisements. Alors, une parole pourra s'élever et refréner le tumulte des armes. Si cette parole doit être européenne, pourquoi ne serait-elle pas, en même temps, pontificale ?

Le choix du futur pape peut avoir cette portée. L'Europe nouvelle ne doit négliger aucune des forces, aucune des grandeurs qui évoqueront auprès d'elle ses plus antiques, ses plus respectables traditions.

XIX. 22 août 1914. — Deuxième semaine. Semaine d'attente.

La semaine qui vient de s'écouler est une semaine d'attente et de préparation : cependant, l'ensemble des faits est favorable à la grande cause que servent les six puissances alliées, la cause de la civilisation.

Au point de vue diplomatique, ces huit jours ont d'abord consacré la neutralité de l'Italie, d'une part, et, d'autre part, de toutes les puissances du Nord. On pouvait craindre que certaines de celles-ci ne se laissassent influencer par la pression allemande. Toutes ont compris que le plus sage était de se tenir en dehors du conflit et que les puissances alliées combattent surtout pour l'indépendance des faibles.

L'Italie était liée par un contrat formel avec les deux Empires germaniques, mais ce contrat était rédigé dans un grand esprit de prévoyance ; il ne faisait jouer le *casus fœderis* qu'en cas de guerre défensive ; l'Italie, obéissant, d'ailleurs, à un courant très net de son opinion, a pu opposer, à la pression des Empires, le texte précis de la convention ; il est impossible de dire, à l'heure présente, si la cause initiale de la guerre, la prétention de l'Autriche-Hongrie d'étendre son autorité en Serbie et sur la péninsule balkanique, ne décidera pas l'Italie à prendre, à bref délai, ses précautions.

Dans les Balkans, la situation est un peu plus confuse. La Roumanie était, semble-t-il, liée, il y a quelque temps, par une convention d'état-major, avec la Triple-Alliance : mais les événements des Balkans ont, l'année dernière, délié la Roumanie de ses engagements ; elle voudrait bien assurer la délivrance des Roumains de Transylvanie. Donc, un jour ou l'autre, sa neutralité peut prendre un autre caractère. La Bulgarie est encore plus hésitante ; les deux influences, russe et autrichienne, y sont à l'état de conflit. Nous saurons à bref délai laquelle des deux l'emportera. La Turquie paraît avoir eu des velléités de suivre ses conseillers militaires allemands ; elle a mobilisé ; elle a donné l'abri aux deux croiseurs cuirassés, le *Gœben* et le *Breslau*, et, finalement, elle a prêté les mains à la vente fictive de ces deux bâtiments de guerre, attitude qui pouvait lui faire encourir les plus graves responsabilités. Devant les démarches pressantes de la Triple-Entente, elle s'est excusée et elle paraît devoir attendre pour se prononcer. Son attitude décidera probablement *a contrario* de celle de la Grèce.

Un fait considérable s'est produit qui paraît devoir élargir infiniment la portée de la guerre et transformer la figure de l'Europe prochaine, c'est la décision du tsar de reconstituer une Pologne entière, autonome et libre, sous la haute autorité d'un lieutenant-gouverneur russe. Il importe qu'à bref délai, ce mouvement, suite d'une pensée généreuse *longuement réfléchie*, soit consacré par l'adhésion des deux grandes puissances

libérales, la France et l'Angleterre. La résurrection
de la Pologne, sous l'égide de la Russie, c'est, pour
la conscience de l'Europe, la fin d'un long cauchemar.

Mais l'Europe n'est pas seule à s'ébranler. Du fond
de l'Orient, le monde jaune, menacé par l'insolente
invasion allemande, se met en mouvement. Le Japon,
lié par son alliance avec l'Angleterre, a adressé au
gouvernement allemand un *ultimatum* que celui-ci ne
peut accepter. Dans quatre jours, le Japon entrera
en guerre et se chargera de supprimer tous les établissements allemands dans l'océan Pacifique. Par une
sage prévision, l'Angleterre a limité à ces régions
l'intervention japonaise : il importe, en effet, de laisser
toute sécurité à la République des États-Unis d'Amérique, que l'entrée en ligne du Japon aurait pu préoccuper.

Ce tableau suffit pour démontrer l'incapacité profonde de la diplomatie allemande : elle a insurgé le
monde entier contre elle ; et ceux qui s'abstiennent
ne cachent pas leurs sentiments favorables au triomphe
des forces opposées à la grande Allemagne.

Leurs états-majors sont-ils supérieurs à leur chancellerie ; ont-ils fait preuve de plus de prévoyance et
de coup d'œil ?

Sans qu'aucun événement décisif se soit produit,
les premiers faits de guerre ne leur paraissent pas plus
favorables.

Il est, aujourd'hui, de toute évidence que la première partie du plan de l'état-major a échoué. On
comptait immobiliser ou anéantir les forces françaises

dans les vingt jours qui suivraient la mobilisation, par deux offensives destinées à les prendre de front et, en même temps, à les tourner. La première de ces offensives, c'était « l'attaque brusquée » sur Nancy : il n'en est plus question, s'il en a jamais été question. Une marche en avant vers Longwy et Spincourt a donné d'abord quelques résultats ; finalement, le mouvement a été arrêté. Bientôt, les troupes françaises ont pu, au contraire, prendre l'offensive. Malgré des pertes assez sérieuses vers Lagarde, l'aile droite de notre principale armée a débordé la frontière et a accentué son mouvement d'enveloppement par le mont Donon, Lorquin, Marsal, Fenestrange et Morhange. Sarrebourg paraît avoir été visité par nos cavaliers. C'est un premier pas en avant qui coupe les communications entre Metz et Strasbourg. S'il s'affirme, la pensée la plus énergique de notre état-major est en bonne voie de réalisation. En même temps, toutes les hauteurs, tous les cols des Vosges sont occupés. Nous avons nos entrées sur ces plaines fraternelles dont les populations n'attendent que notre arrivée pour pousser le cri de délivrance.

Une tentative un peu précipitée sur Mulhouse n'a pu être maintenue ; mais nous occupons toujours les hauteurs d'Altkirch et nous commandons toute la Haute-Alsace.

La seconde offensive allemande devait être prise par la Belgique. Il est facile de comprendre quel prix on attachait à ce mouvement, puisque, en l'accomplissant, on allait au-devant d'une déclaration de guerre de la Belgique elle-même et de l'Angleterre.

Mais, le propre de ces esprits lourds et mécaniques est de ne pas savoir se « retourner ». L'offensive contre la Belgique était prévue : on ne sut pas y renoncer. Or, on se heurta à une résistance tout à fait inattendue. Liége fut héroïque, et l'armée allemande ne put passer sous le canon des forts, dont aucun ne s'est rendu.

La même obstination aveugle se buta sur l'exécution du plan préconçu. A tout prix, on voulait accomplir le fameux mouvement tournant pour envahir la France par les deux vallées de l'Aisne et de l'Oise, avant l'entrée en ligne des armées russes. On chercha donc d'autres issues. Au nord de Liége, on jeta un pont vers Visé, et on répandit de la cavalerie dans toute la plaine de Waterloo, comme pour menacer Bruxelles. Les Belges tinrent bon à Haelen, à Tirlemont, et donnèrent aux troupes anglo-françaises le temps d'arriver.

Ce fut alors une autre conception : malgré le risque de se lancer en avant, entre une rivière, la Meuse, et le massif montagneux de l'Ardenne belge, on se glissa dans ce couloir et on envoya un corps d'avant-garde pour s'emparer du pont de Dinant. Il y eut, peut-être, là, une surprise, ou peut-être nos généraux laissèrent-ils les troupes allemandes s'engager pour mieux les tenir. Quoi qu'il en soit, la tentative échoua. Les forces allemandes durent se replier en désordre sur Cirey, Rochefort et Marche ; elles passent la Meuse, en ce moment, entre Liége et Namur, ce qui les éloigne de la frontière française.

En somme, après vingt jours, ni l'une ni l'autre des deux grandes offensives allemandes n'a réussi ; au contraire, l'offensive française se dessine en Lorraine, et des forces considérables opèrent sur le flanc des Allemands, en Belgique. Ceux-ci ont rencontré partout des forces égales en nombre aux leurs ; mais le moral est tout à l'avantage du soldat français. Bientôt, il prendra *l'ascendant*.

Cependant, deux millions de Russes ont débordé sur la frontière autrichienne et allemande ; les Serbes ont battu les Autrichiens ; les flottes anglo-françaises, maîtresses de la mer, ont détruit le commerce allemand et assuré le transport de nos troupes d'Algérie.

Toutes les combinaisons de l'état-major allemand sont en échec. Nous allons voir maintenant si leurs troupes se ressaisiront sur le terrain.

XX. 23 août 1914. — Le secours et le travail.

Il est important que nos soldats et nos alliés sachent que toutes les mesures sont prises, à Paris et en France, pour ne pas laisser la misère s'étendre sur les classes qui, sans ressources, ont vu soudainement leur travail suspendu.

Après quelques jours d'incertitude, la nation s'apprête à parer aux plus grandes difficultés par une reprise générale de son activité laborieuse.

Le gouvernement, aidé par un nombre infini de bonnes volontés et d'œuvres particulières, a pris un ensemble de dispositions qui, selon leur degré d'urgence, se répartissent dans les conditions suivantes :

1° *Secours*. — L'État et les municipalités distribuent, dès maintenant, les allocations prévues par la loi en faveur des femmes et enfants des mobilisés. Cela ne suffit pas. Combien de familles ou de personnes isolées n'ayant aucun de leurs membres sous les drapeaux sont menacées ! Il y a une énorme quantité de souffrances auxquelles il fallait subvenir immédiatement. Pour celles-ci, un organe de centralisation a été créé sous le haut patronage du gouvernement et du Président de la République : c'est le COMITÉ DE SECOURS NATIONAL (21, rue Cassette), présidé par M. Appell, l'illustre savant, président de l'Institut.

Ce Comité centralise tous les secours destinés à la plus prochaine misère. Il dispose, déjà, de près de quatre millions de francs. De partout, les souscriptions affluent ; il faut qu'elles deviennent de plus en plus nombreuses et de plus en plus fortes ; car les besoins sont immenses.

Réunissant dans son sein les représentants de toutes les croyances et de tous les partis, le Comité de Secours national a, d'ores et déjà, voté la distribution, dans Paris et la banlieue, de *deux millions cinq cent mille repas populaires par mois*, et cela pendant trois mois : on arrive ainsi à plus de quatre-vingt mille repas par jour.

Ces chiffres, joints à ceux des distributions particulières, très nombreuses dans les divers quartiers de Paris et de la banlieue, suffisent pour établir que le danger de voir les pauvres souffrir de la faim est écarté.

Ce n'est pas tout : le Comité du Secours national, d'accord avec les municipalités, subventionne les œuvres existantes, destinées à apporter du soulagement à d'autres nécessités (orphelinats, œuvres maternelles, gouttes de lait, travail en ouvroirs, travail à domicile) et surtout aux œuvres consacrées à la pauvreté silencieuse et cachée, celle qui n'ose s'avouer et qui n'est pas la moins émouvante. Des sommes importantes sont distribuées à ce titre, dans tous les arrondissements. Des enquêtes très sérieuses sont faites pour éviter les doubles emplois.

Le Comité du Secours national demande de nouvelles souscriptions, de nouvelles ressources aux personnes et aux institutions riches et généreuses. Il s'agit de maintenir la paix sociale par la solidarité nationale et par l'entr'aide. Il faut que cet appel soit compris et entendu. Le secours est une forme urgente du devoir national. Les chèques adressés au Comité jouissent de l'avantage accordé à la Croix-Rouge et ne subissent pas les effets du moratorium.

Des ouvroirs, des institutions de toute nature qui ont pour objet de distribuer aux pauvres, *et à eux seuls*, du travail pendant la guerre, sont ouverts dans chaque arrondissement. En s'adressant aux municipalités, les bonnes volontés seront dirigées vers ces établissements et employées par eux. Dans tous ses syndicats de l'industrie et du commerce, des initiatives analogues ont été prises. Alors que la plupart des grands magasins et des grandes industries gardent leur personnel et assurent aux familles des hommes sous les drapeaux des ressources suffisantes, ils s'ingénient, en même temps, à trouver du travail accidentel qu'ils distribuent pour parer au chômage.

2° *Reprise du travail*. — Ils font plus encore : partout, un bel élan de confiance s'affirme dans le sens de la reprise du *travail normal*. Les magasins se rouvrent, les commandes commencent à arriver, les usines emploient leurs ouvriers ; là où les patrons manquent, les femmes ou les employés âgés ont assumé la direction. Le gouvernement et la Ville de Paris ont, comme on le sait, décidé la réouverture des chantiers et ont créé des chantiers nouveaux.

Un obstacle pouvait arrêter cette reprise du travail, c'était le manque de circulation monétaire et la suspension momentanée de la circulation fiduciaire.

Sur ces différents points, des mesures ont été prises, tant par le gouvernement que par les syndicats et sociétés du commerce et de l'industrie, pour parer aux premiers effets de la crise.

Les grands établissements, détenteurs du crédit public, ne se dérobent pas à leur devoir ; ils commencent à rouvrir leurs guichets. A bref délai, des améliorations, actuellement à l'étude, seront apportées au régime un peu trop strict que les circonstances ont imposé. Les commandes arrivent de l'étranger ; bientôt même, à l'intérieur, il faudra parer aux premiers besoins de la campagne d'hiver.

Tout le monde y mettant du sien, les choses reprendront, autant que possible, leur cours normal. Qu'on le sache à l'armée, le pays laborieux se mobilise pour le travail, tandis que la nation armée s'est mobilisée pour le combat.

XXI. 24 août 1914. — L'exemple belge.

Les neutres ne sont pas seulement des spectateurs ; ils sont, qu'ils le veuillent ou non, des acteurs dans l'immense mêlée des peuples. Les journées de Sambre-et-Meuse décideront de leur sort dans les mêmes proportions qu'elles décideront du nôtre.

La Belgique est le premier exemple ; elle est la première victime offerte en holocauste sur l'autel du Teutatès germain. Bruxelles a été la première rançon sacrifiée aux appétits cruels d'une invasion qui, successivement, menacera tous les peuples. Je répéterai ici un mot qui a été prononcé, il y a quelques jours, par le souverain d'une nation obligée de garder la neutralité : « S'ils sont vainqueurs, nous n'aurons plus, les uns et les autres, qu'à plier les genoux. »

Ce n'est pas en s'inclinant, en mettant la tête sous le buisson, qu'on changera le cours des destinées. Une victoire germanique sera le signal de l'asservissement du monde.

La Belgique avait toute raison de penser qu'elle vivrait, tranquille et prospère, à l'abri des traités... Il n'y a plus de traités ! Elle a dû se jeter, avec toute son âme, dans une lutte dont la cause lointaine ne paraissait l'intéresser nullement. Elle peut mesurer, maintenant, l'opportunité, la sagesse de son héroïsme. Les envahisseurs eussent-ils laissé sa vaillante armée menaçante sur le flanc des armées allemandes ? Elle eût été contrainte d'obéir et d'apporter ses contingents à l'aide de la monstrueuse victoire ; elle eût été vaincue et asservie sans combattre.

Ainsi de tous les autres.

L'insurrection des forces de liberté contre les forces de servitude est une nécessité pressante, immédiate. Qui ne voit pas cela, ne voit rien. On sent bien que le problème tourmente l'âme des peuples les plus éloignés, de ceux qui se croient les plus à l'abri, l'Italie, la Roumanie, l'Espagne aujourd'hui ; demain, les Amériques, et tous les autres.

La clairvoyance de l'Angleterre, à ce point de vue, est caractéristique. L'Angleterre pouvait se réserver, à l'abri dans son île. On lui eût fait un pont d'or. Mais elle a parfaitement compris qu'elle était engagée dans le conflit, même si elle eût voulu éviter de s'y mêler. La parole de Georges V est la parole même du grand peuple qui fait l'opinion du monde : « Nous irons jusqu'au bout ! »

Croit-on qu'il est possible de laisser le monde en proie aux théories destructives qui se réalisent, maintenant, dans les faits?

Clausewitz dit : « Si les peuples civilisés (quels peuples civilisés !) ne scalpent plus les vaincus, n'égorgent plus les prisonniers, ne détruisent pas les villes et les villages, n'incendient plus les fermes, ne dévastent plus tout sur leur passage, ce n'est point par humanité, oh non ! c'est qu'il leur est préférable de rançonner les vaincus, d'asservir les territoires productifs. »

Oui, ils « rançonnent les vaincus », ils « asservissent les territoires productifs » ; mais, en même temps, ils « dévastent tout sur leur passage », ils « incendient les fermes », ils « détruisent les villes et les villages », et s'ils ne « scalpent pas les blessés », ils les achèvent à coups de fusil tirés à bout portant dans la figure : c'est à la fois la barbarie raffinée et la barbarie brutale. Cette superposition atroce est donc le fruit de ces longues méditations et la consécration de la *civilisation* nouvelle qu'il est question d'imposer au monde.

Le colonel Kœtschau, dans son livre sur la *Prochaine guerre franco-allemande*, paraphrase Clausewitz et déclare que *son style est bien mou*. Il indique, comme but de la prochaine guerre, non seulement l'anéantissement de la France avec le fameux *to be or not to be*, repris, depuis, par l'empereur Guillaume lui-même, mais il développe amoureusement comme une conséquence nécessaire, fatale, voulue, le « droit à la mer », « non seulement à la mer du Nord, mais encore à la mer Méditerranée (ceci pour l'Italie) et à l'Atlantique (ceci pour l'Espagne et l'Amérique) ; et comme conséquences continentales, l'annexion du Danemark, la Hollande, la Belgique, la Franche-Comté, le nord de la Suisse, la Livonie, puis Trieste et Venise, enfin tout le pays celte de la Somme à la Loire. » Ne parlons pas des colonies soit françaises, soit anglaises.

Quel sera le coin du monde où la neutralité pourra se réfugier?

La constitution d'un Empire germanique maître de cent cinquante millions de sujets dont la moitié mise aux fers, n'épouvante-t-elle pas la complaisance la plus aveugle? Elle devrait épouvanter, du moins, les derniers tenants de la civilisation.

Toutes les âmes libres, mises sous le joug, tous les

peuples indépendants et subissant le sort que nous offrait hier la paix germanique, et que nous offrira demain la victoire germanique ; c'est-à-dire les vaincus traités comme le furent, depuis quarante ans, les Alsaciens-Lorrains, comme le furent, depuis plus d'un siècle, les Polonais. Voilà ce que la victoire allemande promet à l'univers. Un Polonais de Posnanie n'a plus le droit de construire une maison sur son domaine ; il n'a plus le droit de mettre une cheminée, c'est-à-dire un *foyer* dans la hutte misérable qui lui est seule consentie (ceci en vertu des lois positives de l'Empire germanique). Tout ce qui ne cède pas devant l'inquisition insultante du maître est mis aux fers : « Nous écraserons la tête de tous les Slaves contre le mur ! »

La grande Slavie, agitée dans sa masse pourtant si impénétrable, s'est levée à son tour : elle avance sur les plaines où ses frères ont tant souffert. Posen est une première étape sur le chemin de Berlin. L'insurrection des peuples qui veulent vivre devient générale. Il faudra bien que les yeux s'ouvrent progressivement et que les plus indifférents s'émeuvent. Il n'est pas un peuple libre à qui l'on ne puisse dire : *De tuâ re agitur*, c'est ta vie même qui est en question.

Ce sera l'éternel honneur de la Belgique de l'avoir compris avant tous les autres. Elle a jeté le poids de sa loyauté dans la balance, comme au seizième siècle les Provinces Belgiques ont décidé de l'indépendance universelle en refusant de se soumettre à la volonté du roi le plus puissant qu'ait connu le monde moderne. Elle se fait sauter plutôt que de se rendre. Une fois encore, gloire à elle !

L'empereur Guillaume entend-il renouveler le fantôme de la monarchie « sur laquelle ne se couchait pas le soleil »? Le monde, maintenant, a une autre conception de la liberté. Tous les peuples se sentent solidaires ; une télégraphie sans fil idéale rayonne simultanément sur toutes les âmes. Au vingtième siècle comme au seizième, l'exemple des Provinces Belgiques rayonnera. C'est dans leurs plaines que s'accomplira, aujourd'hui ou demain, l'action décisive qui sauvera le monde.

XXII. 25 août 1914. — La bataille circulaire.

Cette bataille, qui a pour champ l'Europe entière, doit toujours être considérée dans son ensemble, si on veut en comprendre les incidents et les détails. Le frémissement d'angoisse qui nous prend aux moelles dans l'attente des nouvelles de notre proche frontière, ne doit pas nous empêcher de considérer de sang-froid le panorama circulaire de l'immense mêlée.

Le schéma, indiqué à diverses reprises par les communiqués du ministère de la guerre, et qui réunit dans une seule vue la ligne de front Lille-Arlon-Belfort, n'est qu'un détail, colossal il est vrai, mais qu'il convient de rattacher cependant à la marche enveloppante des armées européennes autour des armées allemandes. Qu'on ne l'oublie pas, celles-ci restent, et resteront jusqu'à la fin de la lutte, les *assiégées*.

Elles font, en ce moment, un effort surhumain, un effort qui ne pourra pas se renouveler, pour briser le cercle de fer. Elles ont débordé par la Belgique, perdant, à cette première sortie, beaucoup de monde et beaucoup de temps ; comme elles ont massé, pour cet objet spécial longuement préparé par leur état-major, leurs meilleures troupes, et on pourrait presque dire toutes leurs forces immédiatement mobilisables, elles sont arrivées à de premiers résultats. Leur élan les a portées jusqu'à Bruxelles et, par Bruxelles, presque jusqu'à la mer du Nord. S'étendant toujours à travers la plate et plantureuse Belgique, elles s'efforcent maintenant de déborder notre front de bataille, jusqu'au moment où elles se heurteront aux places fortes du Nord, Anvers, Lille, Maubeuge ; cette offensive hardie, dispersée, laisse en arrière une rivière qui peut devenir un fossé périlleux, la Meuse, et une forteresse intacte, Namur.

A supposer que notre contre-attaque, vigoureusement menée avec le secours des forces anglaises, ne nous permette pas de rejeter les Allemands sur cette ligne, notre défensive énergique les contient et les épuise.

Dans de pareilles conditions, le simple fait de tenir, pour nous, c'est vaincre. Si même nous fléchissions, il nous resterait, en arrière de nos lignes actuelles, à défendre les territoires boisés de la Haute-Meuse, les forêts qui protègent l'ouverture de Chimay, le fort d'Hirson et, derrière encore, après de nombreuses journées de combats acharnés, la ligne des camps retranchés qui couvrent l'Oise, l'Aisne et la Vesle. En voilà pour des semaines d'une lutte pied à pied qui offrirait encore bien des chances favorables.

Pendant ce temps, sur l'immense champ européen,

déjà de nouveaux éléments se présentent. L'armée serbe a remporté la belle victoire de Losnitza, qui prend à revers les forces autrichiennes et paraît devoir les occuper longtemps. Avec le damier bigarré de ses provinces rivales, l'Autriche-Hongrie est bien embarrassée. Nulle part on ne signale un fait d'armes de quelque importance à son acquis ; le « brillant second » a bien l'air d'un piteux dernier.

Contrairement aux calculs de l'état-major allemand, les armées autrichiennes occupent si mal les armées russes que celles-ci ont pris décidément le parti, conformément aux lois de la guerre napoléonienne, de s'en prendre au principal adversaire, l'Allemagne.

L'état-major allemand paraît avoir méprisé outre mesure l'offensive russe. Il pensait, sans doute, qu'il faudrait plus de temps au mastodonte slave pour se soulever et pousser sa masse sur la frontière polonaise. La Pologne, au lieu d'être un obstacle, est devenue un secours pour la Russie libératrice. La Pologne allemande commence à respirer ; car l'avancée russe est déjà formidable. Elle ne trouve devant elle que trois corps d'armée de troupes actives et, croit-on, quatre corps d'armée de réserves assez médiocres.

Du premier bond, le monstre a crevé la ligne de circonvallation allemande. Par la grande victoire russe de Gumbinnen, la Prusse, assiégée et démunie de ses plus solides défenseurs, assiste à l'écrasement de l'unique armée laissée par elle sur la frontière orientale. Les seules troupes capables de s'opposer à la marche russe sont en partie anéanties, en partie coupées de leur ligne de retraite. Les pertes des Allemands sont énormes. L'effet moral est considérable. Le ravitaillement de la Prusse centrale est compromis. Les populations fuient. La cavalerie cosaque est lancée loin en avant du front.

Les Allemands ont, du premier coup, perdu près de cent kilomètres ; et ce n'est qu'un commencement ! Les armées russes arrivent sans cesse et se pressent comme les flots d'une marée montante. Sans doute, elles se heurteront aux forteresses de Kœnigsberg, Allenstein, Dantzig et Thorn ; mais les vallées restent ouvertes. L'exemple de Liége et de Namur prouve qu'on peut masquer et tourner les places fortes. Celles-ci perdent la plus grande partie de leur valeur quand des armées combattant en rase campagne ne les soutiennent pas.

Voici donc le cercle qui se resserre : la place assiégée ne peut plus songer à tenter des sorties trop lointaines ; il faut qu'à bref délai ses défenseurs se rapprochent du réduit menacé. D'ailleurs, les plans de l'état-major allemand sont connus ; il prétendait réduire, d'abord, à l'impuissance les armées françaises, pour se retourner ensuite contre les armées russes. Les heures sont comptées. Bientôt cette volte-face elle-même sera trop tardive...

Combien de temps devons-nous soutenir encore l'effort total des armées allemandes? Quelques jours, deux ou trois semaines au plus. Gagnons ces journées, comme disait Napoléon, « à coups de régiments ».

Il y va du sort du monde et la grande bataille circulaire, le « rond », comme disent les chasseurs, achèvera la bête, traquée jusque dans son repaire.

XXIII. 26 août 1914. — Psychologie de cette guerre.

Il faut tenir compte des *impondérables*.

Ceux qui ont vu la guerre de 1870 et qui assistent au début de celle-ci sont à même de faire une comparaison : les dispositions morales de l'armée et de la nation sont autres.

En 1870, dès la première nouvelle des défaites, une dépression morale, une sorte de résignation devant la fatalité se répandit dans tout le pays et parmi les troupes elles-mêmes : on se battait parce qu'il fallait se battre, mais on ne conservait guère d'espoir dans le succès final. Aujourd'hui, on ne veut pas accepter l'idée de la défaite, on lutte contre elle, si j'ose dire, et nos soldats sont animés d'une foi communicative, qui, partant d'eux, a gagné tout le pays. L'armée et la nation savent qu'en se battant pour la patrie et pour le droit, elles accomplissent un acte grave et que la moindre défaillance serait une sorte de trahison.

Il faut signaler, à ce point de vue, une cause réelle des premières blessures qui nous ont été faites : il y a eu, au début, excès de confiance, excès d'entrain, un véritable péril dans l'élan fou qui précipita nos troupes sur l'*offensive*.

L'offensive était une théorie affirmée, d'abord, par les états-majors et qui, donnant satisfaction aux aspirations du soldat français, devint comme un mot d'ordre répandu jusque dans le moindre détachement.

Alors, il se fit une sorte de choc en retour qui remonta du simple soldat jusqu'à ses chefs. Parmi nos hommes à peine mobilisés, tous voulaient être à la frontière, et, sur la frontière, tous voulaient être en avant : l'attaque à la baïonnette devint le désir impérieux de toutes ces unités encadrées de la veille et que personne ne pouvait contenir.

Il y eut là des actes d'héroïsme individuels infiniment nombreux et pas toujours suffisamment contrôlés : les soldats entraînaient les officiers, et il semble bien que, tous ensemble, entraînaient les généraux. Les mitrailleuses allemandes fauchèrent cruellement les formations téméraires qui, dans leur élan, voulaient saisir l'ennemi corps à corps.

Ces jeunes soldats n'avaient jamais vu le feu. Peut-être eût-on pu les y habituer, les y entraîner peu à peu. La témérité elle-même a besoin d'un grain de sagesse : sinon elle devient inutile et même dangereuse.

C'est cette expérience du feu que nos troupes ont acquise, maintenant, à leurs dépens.

Les premiers récits qui nous parviennent du théâtre de la guerre rendent sensibles cette action et cette réaction. Charleroi a été pris et repris six ou sept fois. Un tel acharnement est très caractéristique de la « manière moderne ». Même les abattements, les défaillances qui suivent parfois des élans forcenés, s'expliquent par l'espèce de désillusion dont le contact avec des forces supérieures accable des bonnes volontés impuissantes.

Nos chefs ont à surveiller ces dispositions de très

près ; ils sont responsables du sang de leurs hommes. Qu'ils le ménagent, nous en avons besoin.

Une bataille de géants où l'ennemi a massé ses meilleures troupes, la garde impériale, les régiments du 1er corps, les troupes silésiennes et poméraniennes, a donné la mesure de nos forces de résistance. En les adaptant, maintenant, à une tactique plus prudente et qui ne se décidera à l'offensive que quand on la sentira solidement appuyée et soutenue, on tirera du soldat français tout ce qu'il peut donner ; plus sagement ménagés, ces héros que sont nos enfants deviendront réellement invincibles.

De même pour la nation. Au frémissement qui la saisit quand on l'appela sur ses frontières, elle crut à la victoire prochaine : un système de « communiqués » un peu puérils ayant visiblement pour but « d'exalter son moral » et de « soutenir ses nerfs », l'entraîna vers de trop promptes espérances. Nous lui disions : « Ce sera dur », mais elle ne le croyait pas.

Elle le croit maintenant ; or, elle n'a pas fléchi pour cela. Elle aussi, commence à s'habituer au feu. Les grandes batailles de Sambre-et-Meuse viennent de lui apprendre ce que sera cette guerre : longue, sanglante, douloureuse ; et, pour exprimer toute ma pensée, on ne le lui dit pas encore assez. Il faut que tout le monde souffre... Eh bien ! on souffrira !

C'est entendu, on n'aura pas raison, sans des semaines, ni même des mois d'efforts et de patience, de cet ennemi redoutable. Il faut prendre le parti de le savoir fort, pour apprendre à lui résister comme il convient,

Les premiers succès de ses meilleures troupes ne sont nullement décisifs. Charleroi pris et repris sept fois, des provinces menacées, des souffrances publiques et particulières, tout cela c'est le terrible jeu de la guerre.

Cependant sur son aire immense, les raisons d'espérer se manifestent : l'énergie des Belges, l'élan de nos troupes dans l'attaque, leur solidité dans la retraite, la supériorité de nos canons, les victoires des Serbes, l'entrée en ligne des Russes, et enfin, et surtout, la reconstitution morale de nos armées et de notre pays que tant de fausses doctrines avaient affaibli, énervé, tourmenté.

En présence de la grave leçon des faits, le fonds robuste du troupier et du citoyen se ressaisit. Merci à la guerre d'avoir restauré en nous l'esprit de la guerre, non seulement fait de vaillance, mais fait aussi d'endurance, de solidité et de ténacité.

XXIV. 27 août 1914. — Lord Kitchener à la Chambre des lords.

Le discours de lord Kitchener est un modèle d'éloquence mâle et sobre. Le soldat a parlé en soldat. S'adressant à une assemblée politique, il a rappelé qu'il n'appartenait à aucun parti et « qu'en tant que soldat, il n'avait pas d'opinion politique ». C'est la correction parfaite de l'homme que son devoir militaire absorbe tout entier.

Sur la guerre elle-même, tout ce qu'il fallait dire a été dit, et rien que ce qu'il fallait dire ; le télégramme au général French est du même calibre : « Félicitez les troupes de leur splendide travail... » Ce sont de ces mots heureux qui restent et qui s'inscrivent dans l'histoire. Oserai-je mettre en parallèle la parole si simple que j'ai lue, cet après-midi même, dans un télégramme adressé par un père français à son fils blessé dans les récents combats : « Cher enfant, je te félicite. » Les âmes fortes parlent le même langage, d'un côté et de l'autre de la Manche.

Comment ne serions-nous pas émus, nous, Français, par le passage visant l'appui que l'Angleterre nous donne : « Nous savons combien le peuple français apprécie l'aide prompte que nous avons pu lui apporter dès le début de la guerre » ; il « doit constituer un facteur d'une haute valeur militaire en restreignant la sphère et en déterminant la durée des hostilités ».

La Belgique aussi trouve son réconfort dans ce noble salut aux alliés : « La Belgique sait notre sympathie pour ses souffrances, notre indignation pour les coups qui lui sont portés et aussi notre résolution de faire en sorte, qu'à la fin des hostilités, ses sacrifices ne soient pas vains. » Ces paroles ont été couvertes d'applaudissements. Comment ne pas compatir aux misères injustes que cette foi jurée évoque?

Mais la partie vraiment mâle du discours, ce sont les paroles consacrées au caractère nouveau de cette guerre, sans précédent dans l'histoire. Elle sera longue, elle doit demander à ceux qui y sont engagés des sacrifices toujours croissants, et lord Kitchener fait, à ce sujet, une observation d'une grande profondeur. Il faut citer encore : « L'empire avec lequel nous sommes en guerre a appelé sous ses drapeaux la presque totalité de sa population mâle ; nous observerons, de notre côté, le principe suivant, à savoir : que tandis que les forces maxima de ces nations subissent une diminution constante, les renforts que nous préparons augmenteront d'une façon continue, jusqu'à ce que nous ayons en campagne une armée qui, numériquement et qualitativement, ne sera pas indigne de la puissance et des responsabilités de l'empire britannique. »

L'homme responsable de la conduite de la guerre n'a pas cru devoir faire la moindre allusion à l'importance de la flotte britannique, à la surveillance de la mer qui ruine le commerce de l'ennemi, à sa supériorité déclarée annulant sans combat le luxe vain des cuirassés allemands, à l'action qu'elle exerce, par sa seule existence, sur les ressources et sur l'élasticité morale de l'ennemi.

Il n'a fait allusion ni aux armées russes, ni à l'intervention du Japon, ni aux éléments matériels et moraux que la puissance britannique mobilise, en quelque sorte, autour de l'ennemi. Il n'a voulu voir que les faits immédiats, la lutte sur terre, les sacrifices auxquels l'Empire britannique est, d'avance, résolu. Il a donné tout son sens, toute sa portée pratique à la déclaration du roi : « Nous irons jusqu'au bout ! »

C'est dans cette façon de prendre les choses, dans ces pensées uniquement dirigées vers l'action que se reconnaissent les chefs. Lord Kitchener en est un. Il a fait ses preuves. Il vient de les confirmer par la perfection avec laquelle la mobilisation anglaise a été accomplie, et les troupes disponibles envoyées sur le continent. Le présent répond de l'avenir.

Qui ne serait fier d'avoir de tels alliés, et quel soldat ne serait heureux de combattre près des soldats commandés par le général French?

Le monde et l'histoire feront la comparaison ; ils verront, d'un côté, la noblesse des sentiments, la correction de la forme, l'aisance du ton, tous les principes et tous les sentiments qui constituent la grandeur de l'humanité et de la civilisation. De l'autre côté, une brutalité farouche, des excès affreux, une passion violente et cupide au service d'une éloquence où Hamlet le dispute à Lohengrin.

Ceux-ci ont fait donner, dès le début, tout l'orchestre ; ceux-là réservent leurs effets pour la fin. L'une des forces ira toujours diminuant, et l'autre grandira constamment. L'Angleterre entend, comme elle l'a fait toujours, étonner le monde par sa ténacité : quand le dogue britannique a mordu dans la chair, il ne lâche pas.

Cette guerre va remuer jusqu'aux moelles toutes les populations de l'immense empire britannique, avec la série de ses dominions dont les forces se lèvent pour la défense de la cause du droit et de la liberté.

Comment répondre à ce secours magnifique, sinon en faisant ce que les Anglais se préparent à faire eux-mêmes : *durer!*

XXV. 28 août 1914. — Perfidie diplomatique.

On commence à voir clair dans les manœuvres de la diplomatie allemande essayant de se donner le beau rôle dans les pourparlers qui ont précédé la guerre. La publication par la *Gazette de l'Allemagne du Nord* de télégrammes tronqués ou faussés, — le *Daily Mail* dit : « le prétendu » texte de certains télégrammes — rappelle, de tous points, le coup de la dépêche d'Ems... Quand on a pris l'habitude du mensonge, on ne revient pas facilement à l'usage pur et simple de la vérité.

La nouvelle invention est la suivante : faire croire, par un truquage habile de dépêches et de coups de téléphone, que la France aurait demandé à l'Angleterre de se porter garante de sa neutralité et que ces deux puissances se seraient mises d'accord pour laisser la Russie se débrouiller toute seule dans une guerre où elle eût eu pour adversaires l'Autriche-Hongrie et l'Allemagne réunies.

L'empereur d'Allemagne, dans son télégramme du 1er août, adressé au roi Georges, après avoir annoncé qu'il croit devoir poursuivre la mobilisation, s'exprime ainsi : « Si la France offre sa neutralité, qui sera alors garantie par l'armée et la flotte anglaises (ce qui veut dire : l'armée et la flotte anglaises se chargeront de ligoter la France), je m'abstiendrai d'attaquer la France et j'emploierai mes forces ailleurs. »

Cette extraordinaire prétention produit un haut-le-cœur chez les dirigeants anglais ; on donne à leurs intentions déclarées, qui, on le sait, consistaient à se joindre à la France et non à la mater, un sens qui eût été, pour l'Angleterre, selon la vive réflexion de sir Edward Grey, une « honte ineffaçable », et le roi Georges répond poliment mais vertement à son cousin Guillaume : « Il y a eu un malentendu de la part de votre ambassadeur. » C'est comme s'il disait : « Votre ambassadeur a altéré la vérité. » Et, alors, celui-ci, avec une insolence stupéfiante et qui est un véritable soufflet sur la joue de la nation anglaise, rattrape son mensonge par une grossièreté : « Les suggestions de sir Edw. Grey, basées sur le désir de garder la neutralité de la part de l'Angleterre, ont été faites sans accord préalable avec la France et ont été, depuis, abandonnées *comme futiles.* »

De l'aveu même des Allemands, la France est hors de cause : mais quel jugement faut-il porter sur des hommes assez peu intelligents ou assez peu véridiques pour donner une pareille interprétation au désir si honorable manifesté par l'Angleterre de faire tout le possible, en toute loyauté, pour empêcher un conflit qui serait une « effroyable calamité » !

Au lendemain du jour où cette même diplomatie a fait savoir à l'Angleterre que l'Allemagne avait résolu de violer la neutralité belge, où elle lui avait avoué qu'elle entendait tout simplement annexer le domaine colonial français, on abuse d'une conversation téléphonique pour travestir les intentions les plus louables, et, de dépit, on jette l'injure à la face de ce parfait gentleman qu'est sir Ed. Grey. La diplomatie teutonne est prise, comme en 1870, la main dans le sac.

On eût voulu isoler la Russie et diviser les alliés, pour les abattre successivement. La Russie va se charger, maintenant, d'isoler l'Allemagne. Les journaux allemands reconnaissent, eux-mêmes, que les victoires russes « ont mis l'Empire dans une position dangereuse ». Que faut-il pour que cette situation devienne lamentable? Une seule chose : que les forces françaises s'accrochent aux armées ennemies et ne lâchent pas le morceau. Nos troupes se battent, depuis quinze jours, avec des alternatives tantôt heureuses, tantôt moins bonnes ; mais elles tiennent sur tout le front ; et elles font un véritable abatage des troupes allemandes. L'état-major ne pourra plus caresser longtemps le rêve d'une campagne qui nous eût mis à bout de forces en un mois, et lui eût permis de faire volte-face contre les troupes russes avec les mêmes forces qui nous auraient écrasés.

L'union combinée des forces alliées sur le vaste champ qui couvre l'Europe devient de plus en plus clairement un gage presque assuré de la victoire finale.

La diplomatie allemande peut entasser mensonges sur mensonges ; elle ne jettera pas le trouble dans la confiance réciproque des puissances alliées, pas plus que les méthodes affreuses des états-majors allemands n'ébranleront le courage des troupes et des populations qui *ne veulent pas être vaincues*. La fidélité commune des six alliés, que l'insolence diplomatique de l'Allemagne a réunis, peut compter sur des ressources matérielles et morales inépuisables : on le sait à Londres, à Paris, à Saint-Pétersbourg, à Bruxelles, à Belgrade, à Tokio. La vérité, le droit, servis par la force, auront le dernier mot.

XXVI. 29 août 1914. — La semaine de Sambre-et-Meuse.

La semaine qui vient de s'écouler est probablement une de celles que l'histoire qualifiera de *critiques* : en effet, le nœud des affaires diplomatiques et militaires s'est resserré et l'angoisse universelle s'est accrue, sans qu'il soit possible encore d'entrevoir quel sera le dénouement.

Un événement qui, en toute autre circonstance, eût profondément ému l'opinion, s'est produit : la mort du pape Pie X. Dans les circonstances actuelles, l'émotion est un peu atténuée, mais l'importance reste. Un nouveau pape sur le trône pontifical peut apporter, non seulement à la cause de la religion, mais à la cause de la paix et de l'humanité, un secours efficace. La France catholique est dans une étroite union avec Rome. La sainteté de Pie X, sa sévérité doctrinale qui ont été une force pour l'Église, l'ont peut-être tenu un peu à l'écart des choses du siècle. Le rôle de l'Église dans la crise actuelle peut grandir soudain. Une haute intelligence, une expérience consommée sont nécessaires plus que jamais à sa tête : les cardinaux paraissent avoir hâte de se prononcer ; le conclave se réunit à la fin du présent mois. Les prières de l'univers catholique inspireront le choix de la haute assemblée.

Par un décret providentiel, l'Italie garde son attitude de neutralité : toutes les routes de Rome sont ouvertes ; mais le seront-elles pour longtemps ? Les cardinaux se hâtent ; ils sentent bien que l'heure n'est pas aux tactiques prolongées et aux choix trop savamment retardés.

**

Le Japon n'a pas attendu. Il a compris toute l'importance d'une décision immédiate. L'océan Pacifique, jusques et y compris l'océan Austral, va être balayé de l'invasion et de la colonisation allemandes. A-t-on réfléchi à l'extraordinaire importance de ce fait : même si l'Allemagne était victorieuse en Europe, elle serait obligée, en fin de compte et alors qu'elle serait à bout de forces, d'en venir aux mains avec le Japon lointain et intact. C'est fou !

Les États-Unis se tiennent sur la réserve : la nombreuse population allemande disséminée sur leurs territoires tient en échec l'opinion en général favorable à l'Angleterre et à la France. Le président Wilson a pris, sur la question de l'achat des bâtiments allemands, une attitude qui s'explique mal. Où puise-t-il ses renseignements? S'il s'agit de politique, sur quelles données d'avenir s'appuie cette conception? On le saura bientôt. Que, sans sortir de leur neutralité, les États-Unis ne se prononcent pas franchement pour le respect des traités et pour l'indépendance des peuples, voilà qui surprend... Attendons ! S'il s'agit de scrupules, un excès de scrupules ne présente pas, en tout cas, de graves inconvénients.

Les peuples non engagés dans le conflit gardent une attitude normale de neutralité. On sent, cependant, qu'au sein des peuples balkaniques, de graves problèmes s'agitent : la Roumanie, qui paraît en communauté de vues avec l'Italie, donnera probablement le signal. Le difficile, pour elle, est de choisir l'heure opportune : pas trop tôt, mais pas trop tard.

***

Les événements de la guerre ont été, pendant cette semaine, d'une gravité extrême, sans avoir encore rien de décisif.

On a vu se dessiner nettement le plan de l'offensive allemande : la marche à travers la Belgique n'est pas seulement, comme on l'avait cru, un mouvement tournant à large envergure, c'est le fort de la guerre qui est porté sur ce front. La Belgique apparaît, dans la conception allemande, comme le véritable chemin de l'invasion de Paris. Le haut commandement a tout sacrifié au succès de cette puissante offensive : seize corps d'armée sur vingt-cinq avec cinq divisions de la garde et trois divisions de cavalerie, c'est-à-dire probablement plus d'un million d'hommes, opèrent cette formidable poussée ; et je ne parle pas des sept corps d'armée et des trois divisions échelonnées en Lorraine et en Alsace. Ce serait donc *toute* l'armée allemande qui serait sur la frontière franco-belge, sauf les trois corps qui viennent d'être écrasés à Gumbinnen par les Russes et sauf les forces secondaires disséminées sur les côtes et à l'intérieur du pays.

Et cette armée aurait porté sur son aile droite tout ce dont elle a pu disposer de troupes pour exécuter le vaste mouvement tournant. Les troupes alliées ont fait un effort magnifique pour s'y opposer sur la Sambre et sur la Meuse. Il semble bien qu'on ait eu, d'abord, de notre côté, quelque surprise à voir se réaliser, tellement à fond, un plan aussi rigoureux.

Avions-nous les forces suffisantes sur la Belgique? Avons-nous su nous en servir à temps?

Quoi qu'il en soit, nous avons été au-devant de l'armée allemande dès que les forces anglaises qui opèrent avec nous furent entrées en liaison et nous avons pris l'offensive, résolus à disputer la ligne de la Sambre à l'invasion : le combat s'engageait donc sur tout le front, depuis Mons jusqu'à Arlon, le centre étant approximativement Charleroi. Dans les journées du samedi 22 et du dimanche 23 août, une lutte de géants mit aux prises les deux armées avec des alternatives diverses ; Charleroi a été pris et repris jusqu'à cinq ou six fois.

A l'heure où j'écris, les résultats paraissent devoir se préciser ainsi : l'attaque franco-anglaise n'a pas réussi à briser l'étonnante supériorité numérique des armées allemandes, mais elle l'a arrêtée en lui infligeant des pertes énormes. L'aile droite des armées alliées a été tournée par Lille et les éclaireurs apparaissent dans Douai : mais, par contre, notre aile droite a pris le dessus vers le Luxembourg et notre centre s'est maintenu très fortement sur Givet. En un mot, sans qu'on puisse dire que la redoutable conception de l'état-major allemand ait échoué, elle n'a pas réussi non plus. Les troupes anglaises ont été admirables de sang-froid et les nôtres admirables d'élan : le choc de nos troupes sénégalaises et africaines a contenu la puissance de la garde impériale. Ce sont des journées héroïques ! Notre jeune armée a gagné ses galons devant l'histoire.

Aujourd'hui, il appartient au commandement de se

rendre bien maître de sa propre pensée. D'ailleurs, il a visiblement compris : la concentration de toutes nos forces se fait sur la frontière belge. D'Amiens à Reims, nous allons constituer la seconde ligne qui doit protéger Paris, réduit de la défense sur la frontière. Avant que ce vaste camp retranché ne soit atteint, d'autres événements auront, sans doute, fait pencher la balance.

***

En effet, sur l'autre revers du monde germanique, les événements favorables se précipitent. Les Serbes ont battu les Autrichiens à Lovnitza. L'Autriche, très embarrassée dans sa mobilisation, se montre, selon la formule classique, « en retard d'une année, d'une armée et d'une idée ». Elle est prise à revers, d'autre part, par les flottes alliées menaçant l'Adriatique ; elle ne peut apporter qu'un appoint insuffisant aux corps d'armée allemands luttant contre l'invasion russe.

Celle-ci s'est affirmée par un coup d'éclat, une victoire décisive, remportée à Gumbinnen. L'exécution du plan des grands chefs allemands peut être, d'ores et déjà, considérée comme fortement compromise : ils ont trop compté sur les retards de la mobilisation russe et n'ont laissé, sur la frontière orientale, que des troupes en nombre insuffisant. Les Russes se hâtent ; ils jettent la cavalerie cosaque sur toute la Prusse orientale et même occidentale ; on dit qu'on a vu ces redoutables cavaliers jusqu'aux approches de Kœnigsberg. Les seules troupes sérieuses, portées sur ce front,

ont été écrasées, puis coupées après Gumbinnen. Si l'état-major allemand ne fait pas faire volte-face aux armées qui pèsent, actuellement, sur la frontière belge, dans quelques semaines il sera trop tard pour défendre Berlin.

Donc, il reste à la France et à ses alliés toute raison d'espérer. Le résultat est atteint si nous maintenons les armées allemandes au delà de la frontière ; même s'ils pénètrent sur notre territoire, il faudra tenir jusqu'au bout... ns la grande *bataille circulaire* engagée autour de l... 1agne, la victoire est à ce prix.

XXVII. 29 août 1914. — L'intimidation.

Il importe d'exposer clairement au pays une des faces de la guerre à outrance qui se poursuit, en ce moment, contre lui, celle qui vise non pas tant les forces belligérantes que le peuple pacifique et désarmé qui, d'après les lois de la guerre, devrait échapper aux rigueurs des hostilités : c'est la guerre d'intimidation ou d'épouvante.

Le point de départ se trouve, en somme, dans la déclaration officielle faite par le ministre des affaires étrangères allemand, M. de Jagow, à sir Edward Goschen, ambassadeur d'Angleterre à Berlin, alors que celui-ci réclamait le respect de la neutralité belge, violée déjà d'ailleurs : « Cette violation, dit le ministre allemand, nous est nécessaire parce qu'il s'agit de pénétrer en France par le chemin le plus rapide, de façon à avoir une grande avance sur les opérations françaises, et à frapper, le plus tôt possible, un coup décisif. C'est *pour l'Allemagne une question de vie ou de mort.* »

La résistance de la Belgique et l'intervention immédiate de l'Angleterre causèrent, en Allemagne, une véritable stupéfaction : le « discours » du chancelier Bethmann-Hollweg à M. Goschen, l'acte de colère de l'empereur Guillaume, renvoyant au roi d'Angleterre ses décorations, prouvent la violence des sentiments provoqués, dans les âmes allemandes, par cette fidélité inattendue, de la part de nos deux alliés, au texte et à l'esprit des traités. On voulait mettre brusquement la France hors de combat ; et l'on trouvait un premier obstacle.

On recourut alors à un moyen qui, dans la pensée des états-majors, devait, par d'autres voies, aboutir au résultat. Non seulement on jeta sur la Belgique toutes les forces de l'Allemagne, mais on jura d'accabler les populations sous un régime de terreur tellement lourd qu'il gagnerait, de proche en proche, la Belgique d'abord, puis la frontière française, de façon à contraindre les peuples à peser sur les gouvernements.

C'est alors que commença le régime des « atrocités allemandes », atrocités trop réelles, mais exagérées encore si possible, et, en tout cas, colportées par tous les moyens, de façon à pousser en avant comme une sorte de vague terrifiante précédant au loin l'arrivée des troupes allemandes.

J'emprunte au récit d'un témoin qui est en même temps un esprit très judicieux et très pénétrant,

M. Roland de Marès, l'exposé du « système », tel qu'il l'a vu « fonctionner » en Belgique :

« D'abord une grande automobile dans laquelle ils entassent quinze ou vingt soldats passe en éclair sur la grand'route ; ensuite, des groupes de uhlans variant de cinq à trente hommes ; puis des forces plus importantes... C'est un système chez eux de lancer dans toutes les directions ces groupes de uhlans, plus ou moins nombreux, pour terroriser les populations, pour déterminer chez elles une tension des nerfs, une crise de conscience qui fait pencher les foules vers toutes les abdications... »

La contagion de la terreur, nous venons d'en avoir un exemple frappant, à Paris même, par l'arrivée des réfugiés belges, stationnant dans nos gares, attendrissant les âmes par leur destinée misérable et surtout affaiblissant le ressort national par les récits impressionnants qu'ils font à tout venant. L'un de ces récits s'est colporté avec la rapidité de la foudre, celui qui montre les Allemands coupant les pieds des enfants et les faisant courir sur les moignons. Avec de telles inventions on démoraliserait des Spartiates.

En fait, nos départements du Nord ont été gagnés (du moins dans les villes) par cette épidémie d'épouvante à laquelle parfois les communications officielles n'ont pas été sans aider bien maladroitement. Il faut constater aussi que certaines défaillances lamentables se sont produites chez les fonctionnaires responsables de l'ordre public. Des préfets et des sous-préfets ont quitté leurs postes, des directeurs de postes et télégraphes ont donné l'ordre à tous les agents de leurs circonscriptions de fuir et d'emporter leurs caisses — et cela dans des régions à l'abri de l'invasion et même des incursions de uhlans.

Je ne veux pas dire que telle ou telle ville de la région du Nord n'a pas reçu ou ne recevra pas la visite des coureurs de pays. Il n'est pas douteux que ces avant-gardes cachent ou annoncent les grands mouvements des troupes allemandes.

Mais ces randonnées, quelque douloureuses qu'elles soient pour la contrée envahie, ne peuvent avoir qu'une influence restreinte sur le sort définitif de la campagne. Le passage des uhlans est comme le sillage d'un navire recouvert immédiatement par le flot.

En fait, les Allemands ont accompli le plan de leurs états-majors en passant par la Belgique. Mais, en raison de l'opposition qu'ils ont rencontrée, cette autre « attaque brusquée » leur a coûté tout aussi cher que celle qu'ils ont voulu s'épargner contre la frontière lorraine. Ils arrivent sur la frontière du nord déjà meurtris et à bout de souffle.

Et le dernier mot n'est pas dit : nous n'avons pas à pénétrer dans les plans de notre propre état-major ; mais personne n'ignore que des forces nouvelles et fraîches vont être opposées aux armées d'invasion qui, en étendant infiniment leur front, se sont exposées d'autant plus aux coups d'un adversaire résolu...

Cependant, l'armée russe s'avance. Avant huit jours, avant quinze jours, il faudra bien que les Allemands se retournent vers cet autre péril ; et, alors, notre défensive allégée pourra, sans doute, se transformer rapidement en une offensive victorieuse.

Que faut-il, en attendant? De la patience, du sang-froid, du calme : à tout prix, il faut *tenir;* sinon, on tombe dans le piège allemand.

Et, surtout, qu'on se méfie des colporteurs de mauvaises nouvelles et des semeurs de panique. Regardez dans les yeux ces « informateurs » et demandez-leur où ils veulent en venir.

Certes, les populations belges ont souffert, nos populations souffrent : « C'est la guerre ! » Mais résistons à la tentation de défendre par petits paquets une frontière menacée de toutes parts. Concentrons nos forces, et, en même temps, refoulons nos larmes, apaisons nos nerfs : ne tombons pas sous le coup du « système » allemand. Notre armée, après des exploits merveilleux, reste pleine de courage et d'entrain. Que les chefs du pays, que le pays lui-même se montrent dignes d'elle et nous vaincrons !

XXVIII. 30 août 1914. — L'usure.

Il faut admettre que les troupes allemandes, dans la hâte qu'elles ont de frapper le coup décisif sur les forces françaises avant d'être dans la nécessité de se retourner contre les armées russes, se hâtent d'achever, par le nord, le mouvement tournant qui les amènerait vers le camp retranché de Paris.

On peut compter, par contre, qu'elles se heurteront auparavant à une nouvelle armée française et qu'elles trouveront ainsi à qui parler.

Dans quelles conditions les troupes adverses aborderont-elles notre armée? Il est facile de se rendre compte, qu'après le raid qu'elles fournissent, elles arriveront au front dans un état de fatigue et de surmenage qui les rendront de moins en moins aptes à soutenir le choc résolu de troupes fraîches.

D'autres considérations méritent d'être indiquées et le *Temps* les signale avec raison : les ravitaillements en munitions et en vivres suivent avec peine la marche rapide de ces corps lancés en fourrageurs à l'aile droite extrême de l'armée d'invasion. Il y a, de ce fait, une déperdition de force qui peut se faire sentir gravement si on ne laisse pas aux services-arrière le temps de se réorganiser.

Les effectifs eux-mêmes ont été sérieusement éprouvés par la résistance acharnée des forces anglo-françaises depuis quinze jours. On calcule que l'infanterie, notamment, a vu ses formations se réduire peut-être d'un tiers ou de la moitié. Les troupes de remplacement ne peuvent arriver sur le front à temps pour combler les vides.

Si l'infanterie est affaiblie, son rôle de soutien de l'artillerie se trouvera compromis. Ainsi, diminution des effectifs, insuffisance du ravitaillement en munitions et en vivres, telle est la contre-partie de la rapidité des mouvements qui lancent en avant, si téméraiement, le suprême espoir de la stratégie allemande.

Concluons avec notre confrère : « La bataille qui se livre avec une violence désespérée est une bataille d'épuisement, épuisement de la force des hommes, épuisement des effectifs, épuisement des munitions.

Plusieurs auteurs militaires avaient prévu que la caractéristique des batailles futures serait l'épuisement. »

Nous faisons donc, maintenant, non seulement une guerre de résistance, mais une guerre *d'usure*. Ne pas céder un pouce et *tenir* jusqu'à la dernière minute, c'est la victoire.

XXIX. 31 août 1914. — Le jeu des neutralités.

La situation diplomatique des neutres se modifie lentement, mais sûrement. On sent de plus en plus que les peuples faibles, étant menacés, quoi qu'ils en aient, par la prépondérance prochaine d'un des groupes belligérants, auront bien de la peine à se tenir, jusqu'à la fin, en dehors du conflit.

Nous ferons exception pour le peuple suisse dont la position géographique, au centre de l'Europe, rend plus que probable la neutralité durable. Autant qu'on peut se rendre compte des desseins des états-majors germaniques, ils n'ont aucun intérêt à se heurter à la réelle puissance militaire de la Suisse, appuyée sur la forteresse naturelle de ses montagnes et sur la vaillance d'une des meilleures armées du monde. Quant à la France, elle a un intérêt si évident à respecter ce bastion avancé qui la protège contre la jonction des troupes autrichiennes et allemandes, qu'on ne peut lui attribuer même la plus vague velléité de porter atteinte à la neutralité helvétique.

***

Nous avons dit ici, à diverses reprises, quel prix nous attachions à la neutralité de l'Italie. Elle pouvait être dans l'autre camp; elle a su se renfermer dans l'exécution littérale des traités : ce n'est pas nous qui lui en ferons grief. Mais son intérêt même peut, à un moment donné, modifier sa ligne de conduite. M. Salandra, président du Conseil, dont tous les partis sont d'accord pour louer la clairvoyance et la sagesse, a défini lui-même les raisons qui pourraient déterminer son pays à prendre parti : ce serait, a-t-il dit, au cas où « un fait nouveau, créé non par nous, mais par d'autres, viendrait à se produire... L'Italie sortirait de sa neutralité si le *statu quo* venait à être modifié dans les Balkans ou si les intérêts italiens étaient lésés dans l'Adriatique. » Voilà la position adoptée par l'Italie : la neutralité italienne est, désormais, une neutralité conditionnelle; et il ne semble pas que les conditions, si clairement définies, puissent nous viser, en quoi que ce soit.

Il reste à se demander si la modification à laquelle il est fait allusion ne pourrait pas ressortir du changement qui se produit dans l'attitude de certaines puissances balkaniques. Mais, avant d'examiner ce point de vue, il reste à dire un mot de la neutralité de l'Espagne.

Celle-ci aussi se modifie insensiblement. Depuis une dizaine de jours, une mise au point des plus intéressantes s'est accomplie à la suite d'un article de M. Pedro Caballeros prenant pour texte l'article que j'ai écrit, ici même, le 10 août : *Difficiles neutralités*. Le point de vue nouveau a été exposé, avec toutes ses conséquences, dans un remarquable article que le chef du parti radical espagnol, M. Lerroux, a publié dans l'*Imparcial* du 26 août :

« Je pense que l'Espagne doit proclamer officiellement et publiquement sa sympathie pour la cause que la France représente dans le conflit international actuel, et qu'elle doit se préparer à agir en conséquence lorsque cela sera opportun et nécessaire... Nous ne pouvons pas être neutres; nous ne le sommes pas en pratique; de fait et de droit notre neutralité est rompue. » M. Lerroux précise : « N'avons-nous pas des *arrangements* avec le gouvernement anglais? Si nous en avons, l'Espagne ne peut pas se déclarer neutre... Il faut songer non seulement au présent, mais à l'avenir. Le droit, la liberté, le développement progressif de l'humanité exigent le triomphe de la France et de l'Angleterre. »

Comment ne pas remercier nos excellents voisins de cette clairvoyance et de cette fidélité? Attendons.

***

Il faut en venir, maintenant, aux peuples balkaniques ; c'est peut-être de ce côté que va tomber, dans la balance, le poids qui doit la faire osciller.

On ne peut plus guère douter, maintenant, de la résolution prise par la Turquie de lier sa fortune à celle des deux empires germaniques. L'affaire non réglée du *Gœben* et du *Breslau*, la nomination du général Liman von Sanders en qualité de généralissime des troupes ottomanes, l'échec du voyage de Talaat bey à Bucarest, l'arrivée d'officiers allemands prenant des commandements dans l'armée et la flotte turques, enfin la mobilisation des corps d'armée qui menacent la frontière russe, tout concorde pour faire penser que l'entrée en ligne de la Turquie contre la Russie, la Serbie et la Grèce n'est plus qu'une question d'heures.

L'Autriche a un si grand intérêt à jeter les troupes ottomanes sur l'arrière des armées serbes victorieuses, l'Allemagne elle-même a tellement besoin de voir une diversion se produire sur la frontière russe, si éloignée soit-elle, que le trouble jeté dans les Balkans par la folle aventure des gouvernants turcs doit leur paraître une des voies de salut.

La proclamation adressée par l'empereur Guillaume aux populations de la Prusse orientale est vraiment pathétique. Il leur dit : « Souffrons en silence ; supportez le poids de l'invasion russe » ; mais il n'ajoute pas : « Des troupes accourent à votre aide » ; c'est qu'il n'en a pas de disponibles, à moins de détacher quelques-uns des corps d'armée qui accomplissent, dans nos provinces du Nord, le raid désespéré.

*

Donc, c'est la Turquie qui est appelée à la rescousse. Mais la Turquie est bien loin ! Et ne trouvera-t-elle pas elle-même à qui parler? Ses soldats ont connu, récemment, la puissance de l'offensive grecque. La force hellène est reconstituée et elle est toute prête à se mesurer avec ses ennemis héréditaires.

Et puis, que fera la Bulgarie, que fera la Roumanie? Celle-ci est la gardienne de l'équilibre balkanique. Si le roi Charles tente un dernier effort pour arrêter l'élan de l'opinion publique, il risque d'être « démissionné », sans autre forme de procès.

Et enfin, l'Italie, elle-même, veille, avec une attention vigilante, au maintien du *statu quo* balkanique. On s'accorde à penser qu'elle a lié partie avec la Roumanie : contre qui, sinon contre l'Autriche? Elle veille au maintien de l'équilibre dans la Méditerranée.

Peut-être sommes-nous à la veille de voir apparaître, par la volonté de la Turquie, le fait nouveau « créé non par l'Italie, mais en dehors d'elle, qui pourrait enfin décider le gouvernement italien à renoncer à sa neutralité ».

Ici encore, attendons ; nous ne tarderons pas à être renseignés plus exactement sur le jeu de bascule de ces « difficiles neutralités ».

CHAPITRE II

XXX. 1ᵉʳ septembre 1914. — Enfin, de la lumière !

Cette fois, nous voyons clair.

Le gouvernement s'est départi de ce mutisme angoissant qui finissait par mettre le public hors d'haleine et à bout de souffle.

Dans l'obscurité complète où on nous laissait plongés sur ce qui se passait à quelques lieues de Paris, nous en étions réduits aux conjectures, et ces conjectures n'ayant aucune réalité où s'appuyer, étaient fatalement pessimistes.

Pourtant, depuis le début de la campagne, nous avions accompagné les armées françaises de nos vœux les plus ardents et les plus confiants ; nous connaissions l'admirable courage déployé par la nation et par ses fils qui s'étaient portés d'un si bel élan aux frontières. Nous avions offert en sacrifice le sang de nos enfants qui soutiennent, au premier rang, l'honneur de nos armes. Nous n'avions rien demandé, rien réclamé ; nous nous étions abstenus de toute critique, et, le doute même, nous le refoulions avec nos larmes.

Nous supportions les railleries de ceux qui nous disaient : « Quand donc serez-vous inquiets ? » Nous écartions, d'un geste rude, les semeurs de mauvaises nouvelles et les porteurs de mauvais présages...

Enfin, voici la réalité et, malgré ses tristesses, cent fois, nous préférons la connaître telle qu'elle est.

La France est décidée à tout, résignée à toutes les souffrances, à toutes les abnégations, à tous les deuils ; elle sait qu'elle doit lutter jusqu'au bout pour laisser à la fortune des armes le temps de se rapprocher d'elle.

« Les Russes avancent... » Ce mot nous remplit tous de confiance dans le succès final. Mais, tout de même, nous ne pouvons avoir l'esprit toujours tendu vers cette frontière lointaine, et nous pensons aussi à celle qui nous est si proche et si chère.

Par un étrange contraste, nous recevions de nos soldats — de tous nos soldats — des lettres pleines de courage, d'entrain et de confiance, tandis que de ceux dont nous attendons la lumière, il ne nous revenait que des indications toujours inquiétantes, dans leur étrange laconisme. De Charleroi, puis de Sedan, puis de Guise, les nouvelles particulières les plus dignes de foi affirment des succès locaux, et nous les voyions se traduire toujours, dans ces communiqués lamentables, en retraites et en reculs laissant le champ libre à l'ennemi.

Avec le communiqué nouveau, — dont le ton diffère si complètement de ses déplorables prédécesseurs, — nous voyons clair, nous comprenons. Le pays ne manquera pas d'attribuer ce ton d'autorité simple et grave, cette manière sobre et lumineuse au nouveau ministre de la guerre, M. Millerand.

Certes, la face des choses n'est pas changée. Nous touchons du doigt, si j'ose dire, les difficultés redoutables avec lesquelles nos hommes doivent compter. Nous sentons combien ils peinent pour chasser du sol national les bandes formidables qui s'y accrochent désespérément. Malgré tout, ils tiennent bon; des troupes fraîches accourent à leur aide; l'ennemi s'essouffle et s'épuise en allongeant la trajectoire de son invasion. Encore un effort, et il devra céder à son tour.

Du moins, dans cette campagne inouïe qui arrose de tant de sang les plaines de nos plus belles provinces, sentons-nous, maintenant, que l'armée, la nation et le gouvernement vibrent à l'unisson.

Une pareille union existait au début des hostilités, puis, elle s'était comme évanouie et diluée. La voilà qui renaît, — et à l'heure décisive ! Rien ne pouvait être d'un meilleur augure !

XXXI. **2 septembre 1914.** — **La défense nationale.**

Les communiqués de la guerre nous permettent de comprendre la situation telle qu'elle se présente. Sur la frontière de l'Est et sur la ligne du Nord, nos armées tiennent toujours ; elles reçoivent incessamment des renforts.

Mais, il peut arriver qu'en raison de l'effort surhumain accompli par l'armée d'invasion, notre aile gauche, qui a toujours été la partie faible de notre défensive, soit obligée de se rapprocher de Paris.

Dans ce cas, on peut supposer qu'elle livrerait une bataille avant de se trouver sous l'abri des forts et cette bataille déciderait de la nouvelle phase de la guerre, à savoir la défense de la capitale *en fonction de la défense nationale*. Tout notre front de l'Est formerait sans doute, alors, une ligne unique, et Paris deviendrait le pivot de la défense générale.

Il est superflu d'ajouter que l'investissement complet d'une place de 200 kilomètres de tour est impossible. Paris resterait donc vraisemblablement en communication avec la province.

Appuyé sur la ceinture de ses forts qui le protègent à une distance moyenne de trente à quarante kilomètres, abritant, sous la protection de cette ceinture, à la fois une armée de campagne et toutes les ressources dont il dispose, Paris tiendrait jusqu'à la plus extrême limite.

D'autre part, la défense nationale serait organisée en province pour lutter vigoureusement et épuiser, par sa résistance, les armées d'invasion.

On ne sait pas encore si les bruits qui commencent à se répandre du départ de nombreux trains traversant la Belgique et emportant des troupes allemandes vers la frontière russe sont confirmés. Mais le fait est des plus vraisemblables et il ne tardera pas à se confirmer.

Alors, les troupes alliées franco-anglo-belges éprouveront un premier allégement. De nouveaux progrès pourront se dessiner de notre part et nos lignes, qui n'ont pas été entamées vers l'Est, reprendront leur valeur offensive sur l'arrière des troupes allemandes dans la direction de la Meuse, des Ardennes et du Luxembourg.

Toute la question est là : ne pas laisser aux Allemands les moyens de renvoyer sur leur frontière orientale des troupes en nombre suffisant pour briser l'élan des Russes.

Ceux-ci sont aux prises, vers Lemberg, avec l'armée autrichienne. Les premières nouvelles de cette bataille qui paraît colossale (on parle de 800 000 Russes engagés contre 600 000 Autrichiens) sont favorables. Ainsi les Russes se seraient ouvert le chemin de Vienne d'une part, tandis que celui de Berlin s'ouvre devant eux d'autre part.

Le sort des armes peut ainsi changer du jour au lendemain. On comprend les raisons capitales qui imposent à la France, capitale et province s'appuyant l'une l'autre, une résistance désespérée.

XXXII. 4 septembre 1914. — Les diplomates américains à Paris.

Le nouvel ambassadeur des États-Unis, M. Sharp, a débarqué au Havre. Il arrive parmi nous à une heure où les événements les plus dramatiques que le monde ait connus sollicitent l'attention d'un homme impartial et disposé à juger les choses en toute indépendance et sang-froid. Ce jugement d'un neutre éminent, nous ne le craignons pas.

La France s'est tenue avec scrupule à la rigoureuse exécution des traités. En vain, on l'a accusée, dans des documents officiels allemands, d'avoir violé le territoire allemand, d'avoir *eu l'intention* de violer la neutralité belge. Pas un fait grave à nous reprocher ; aucune indication précise de jour et de lieu n'a été apportée au débat.

Il en est de même du respect des conventions visant le droit de la guerre. A-t-on cité un cas d'aviateur français jetant des bombes sur des villes ouvertes, incendiant des villages et des métropoles comme Louvain, tirant sur des ambulances, se faisant un rempart de théories d'hommes et de femmes poussées sur le front pour recevoir les coups de feu ?

Ces horreurs, qui ajoutent à la guerre d'indicibles souffrances, ne sont pas de notre fait. Nous invoquons avec ardeur le jugement renseigné contradictoirement et impartial des neutres.

L'ambassadeur actuel des États-Unis, M. Herrick, ne nous quitte pas, fort heureusement. Il a assisté à la série des événements qui ont inauguré cette guerre fatale ; c'est un esprit juste, une âme noble ; il a renseigné exactement son gouvernement, il garde la direction de l'ambassade.

En même temps revient parmi nous un homme en qui nous avons toute confiance : c'est l'ancien ambassadeur à Paris, M. Robert Bacon. Il vient en simple particulier, en ami de la France ; mais sa présence nous est d'un grand réconfort. Ses avis, dans la situation exceptionnelle faite aux représentations américaines en Europe, seront d'un grand poids.

M. R. Bacon a été chargé, il y a six mois à peine, d'une mission très importante dans les Amériques du Sud. Agissant au nom du groupe si influent qui a su promouvoir, en Amérique, les idées humanitaires et le progrès du droit international, il est plus compétent que personne pour apprécier la faillite définitive d'une œuvre si honorable, au cas où les violations de ce droit ne rencontreraient aucune sanction.

La réprobation universelle doit se prononcer énergiquement quand les faits et le parti pris sont authentiquement prouvés ; sinon, l'on dirait que la conscience des hommes indépendants n'a de sévérité que pour les petits peuples et qu'elle hésite devant les puissants. Quel recul pour la civilisation !

L'arrivée de ces hommes considérables intéresse non seulement la cause de la France, mais celle de la justice. Qu'ils enquêtent, qu'ils contrôlent, qu'ils jugent ! Nos sympathies traditionnelles pour la grande République américaine n'ont qu'à se confier au jugement de ces républicains, de ces libéraux, de ces hommes éclairés qui sont, en même temps, de galants hommes et des amis de la vérité.

XXXIII. 9 septembre 1914. — Les champs catalauniques.

La bataille est engagée sur un front immense qui s'étend des rives de l'Ourcq jusqu'à la pointe sud de l'Argonne. Montmirail, Sézanne, l'Argonne, lieux célèbres, lieux de bataille, noms de victoires ; acceptons l'augure !

Les destinées de la France, les destinées de la civilisation se joueront-elles, une fois encore, à proximité de ces « champs catalauniques » où les armées romaine et franque réunies arrêtèrent l'invasion des Huns ? Après quinze siècles, les mêmes faits se reproduirontils aux mêmes points? Cette région est sacrée. Entre Reims et Châlons, la frontière de l'Est commence, — pour nous ou contre nous.

Paris, en seconde ligne, forme le deuxième boulevard, celui qui garde l'âme de la France, mais qui se confie volontiers à l'énergie de nos vaillantes provinces champenoises et lorraines. Jeanne d'Arc, « la bonne Lorraine », vient de Vaucouleurs pour ramener « le roi de Bourges » à Reims. Nous n'en sommes pas là. Mais tous ces souvenirs évoqués remplissent l'âme de confiance et d'allégresse.

Ce ne sont pas seulement nos troupes de l'Est qui sont engagées. L'armée de Paris leur tend la main au-dessus du mince filet que forme le torrent de l'invasion : si celui-ci s'arrête, il perd sa force, car il semble, décidément, qu'il s'était laissé emporter par sa violence même, bien témérairement loin de ses lignes de ravitaillement.

On sent, depuis quelques jours, comme une hésitation, une sorte de désarroi dans sa marche jusque-là précipitée ; il hésite, il tâtonne, il rassemble ses forces pour frapper un coup suprême. Pour lui, la rencontre est décisive ; pour nous, elle ne serait qu'un incident dans une lutte qui a laissé nos forces intactes.

Attendons les nouvelles : celles de cette après-midi sont satisfaisantes. Il faut faire crédit à nos généraux, à nos vaillantes troupes qui doivent entendre, des deux extrémités du champ de bataille, la double canonnade qui lie leur mouvement, en quelque sorte, par-dessus les lignes de l'ennemi.

Champs catalauniques, collines de l'Argonne, répétez, pour nous, les échos de la canonnade de Valmy !

XXXIV. 11 septembre 1914. — La fin de la Triplice.

Nous avons laissé, volontairement, l'Italie à ses réflexions depuis qu'elle a proclamé elle-même sa neutralité. Elle avait donné, par ce fait seul, une preuve très suffisante du soin qu'elle apportait à peser, en pleine maturité et sang-froid, les raisons de son action future. La réunion du Conclave lui donnait une raison très suffisante de s'abstenir et de laisser toutes les voies du monde ouvertes vers la ville qui décidait du sort de la catholicité.

Ce temps n'a pas été perdu : l'Italie fait un pas nouveau dans le sens de ses intérêts réels ; elle commence à ouvrir les yeux sur les conséquences futures de sa neutralité.

Elle y a été invitée par l'ancien chancelier prince de Bülow, qui s'adresse à elle d'un ton demi-caressant, demi-menaçant : « Restez dans la Triplice ! » dit le tentateur ; et il fait luire à demi-mot, aux yeux de ses lecteurs italiens, toutes les séductions habituelles dont on s'est servi depuis vingt ans pour l'y maintenir : que sais-je, la Tunisie, la Savoie, Nice-la-Belle, etc.

Promesses décevantes : car, d'autre part, les publicistes allemands ne se gênent pas pour réclamer Toulon, Tanger, Bizerte, et même, comme l'ont dit leurs diplomates à sir Edward Grey, *toutes les colonies françaises*. Comment concilier ces inconciliables?

Nous n'avons pas à le rechercher : les publicistes et les orateurs italiens s'en chargent, soit qu'ils appartiennent aux partis nationalistes, soit qu'ils appartiennent aux partis socialistes.

Le parti républicain dit, avec une grande clairvoyance : « Le pacte de la Triplice a perdu toute consistance effective par le fait que les deux contractants ont failli à la mission essentielle qui est, d'une part, le maintien de la paix européenne, et, d'autre part, la garantie contre l'expansion et la prédominance de l'Autriche-Hongrie dans les Balkans. »

Le *Corriere della Sera*, le *Giornale d'Italia*, des journaux hier encore tripliciens, s'accordent pour reconnaître que la Triplice a fait faillite. Le parti nationaliste dit à son tour : « Désormais, les ponts sont coupés et le conflit est ouvert avec les *intérêts de ceux qui furent nos alliés...* »

Au prince de Bülow, prétendant que l'action de l'Italie contre l'Autriche-Hongrie après dix ans d'alliance serait une violation du droit des gens comme le monde n'en aurait jamais vu (le prince de Bülow oublie, pour le moins, la violation de la neutralité belge), le député Andrea Torre réplique très vertement : « Le prince de Bülow sait très bien que l'alliance a été violée, non par l'Italie mais par l'Autriche, dans son esprit et dans sa lettre. Il sait bien qu'elle a été violée par l'Allemagne solidaire de l'Autriche. Le seul tort de notre gouvernement a été de ne pas déclarer explicitement cette violation. »

Voilà donc le dossier qui se gonfle. Que décidera le gouvernement? Il continue à peser le pour et le contre, et nous n'avons qu'à le laisser à ses méditations. Le sort de la Méditerranée, le sort de la latinité finira bien un jour par l'émouvoir. Le sang des Tyroliens, des Triestins, des Italiens annexés coule, pour le triomphe de la race germanique, dans la Galicie autrichienne. Ce contresens historique se poursuivra-t-il longtemps? Les responsabilités seront lourdes pour ceux qui n'auront pas su saisir l'occasion aux cheveux et se prononcer à temps.

Les dépêches de l'agence Wolf emplissent les journaux italiens de leur bourdonnante forfanterie. En fait, les Autrichiens sont écrasés, et les armées allemandes sont en pleine retraite vers le Luxembourg, leur point de départ. Les publicistes allemands les plus sincères proclament hautement : « C'est contre Rome que nous combattons ! » Rome comprendra, puisqu'elle saura, puisqu'elle sait d'ores et déjà, que l'hégémonie allemande victorieuse réclamerait, pour premier gage de ses succès, Trieste, Toulon, Bizerte et Tanger, c'est-à-dire un quadrilatère germain dominant la Méditerranée.

Voilà de quoi répondre, par des faits précis, aux alliciantes paroles du subtil chancelier.

XXXV. 13 septembre 1914. — Honneur aux Anglais.

Après d'ardentes félicitations au général Joffre et à nos admirables troupes, il me semble que les honneurs de la journée doivent être pour nos alliés les Anglais.

D'abord, ils se conduisent admirablement sur le champ de bataille. Des canons, des mitrailleuses,

1 500 prisonniers, l'ennemi partout bousculé et ayant à peine le temps de reprendre haleine. Et puis, le beau rapport du général French, d'une psychologie si lucide et si ferme, avec je ne sais quel ton de mépris hautain et d'humour bon enfant, où l'on apprend à mesurer les deux adversaires en présence : « Il n'y a aucun doute sur ceci : que nos hommes ont fait preuve d'une supériorité personnelle sur les Allemands, et, qu'à nombres à peu près égaux, les résultats de leur rencontre ne seraient pas douteux... » Et encore : « La cavalerie a établi sa définitive supériorité... » Faut-il citer, en plus, le passage du communiqué officiel d'aujourd'hui, émanant de la même source : « De nombreux détachements d'infanterie allemande sont retrouvés, cachés dans les bois... Les hommes se rendent dès qu'ils sont aperçus. Cela, joint au fait que beaucoup d'entre eux sont en état d'ivresse manifeste, montre la démoralisation de l'armée en retraite. » Tout y est !

J'ai goûté aussi l'allusion délicate, faite par le général anglais, aux belles conceptions stratégiques du général Joffre : « L'armée expéditionnaire britannique s'est conformée au mouvement général des forces françaises, elle a agi en harmonie avec les conceptions stratégiques de l'état-major français. » Hommage d'un maître à un maître !

La nation anglaise se met au diapason de son armée.

Voici les *Daily News*, longtemps réputées comme favorables au rapprochement anglo-allemand, qui montrent les dents à leurs amis de la veille : « L'Allemagne ignore toute considération morale ; elle ignore la justice et la pitié. Idole de fer, elle se dresse sur un mur ensanglanté. A tout prix, l'Europe doit la jeter à terre. »

Plus haut encore, voici le beau discours, — le discours « de fait », — par lequel le premier ministre, M. Asquith, annonce l'effort toujours croissant de l'Angleterre, selon la formule de lord Kitchener : « La force allemande ira toujours en diminuant et la nôtre toujours en augmentant. »

En effet, l'Angleterre, qui a mis d'abord cent cinquante mille hommes en ligne, en envoie maintenant 500 000 sur le continent, et bientôt, ce seront 500 000 autres, jusqu'à ce que le total atteigne 1 200 000 ou 1 500 000, et cela rien que pour l'armée de ligne provenant de la mère-patrie, sans parler des contingents des territoriaux, de la réserve nationale et de la magnifique contribution promise par les Indes et par les autres colonies.

Et le cercle s'élargit encore : il embrasse le monde. Car voici les concours de tous les dominions de l'immense empire : la déclaration du général Botha au nom de l'Afrique du Sud, les concours venant de l'île Maurice qui n'oublie pas ses origines françaises, l'arrivée des volontaires canadiens où se comptent tant de Français, enfin le débarquement des premiers cipayes !

L'empire britannique est debout. Le roi Georges le salue et le remercie dans une de ces belles adresses, au ton simple et mesuré, qui rappellent les plus belles pages de l'éloquence romaine. Concluons avec l'*Evening Standard* : « Il y a une chose que l'empereur d'Allemagne n'avait pas prévue, c'est que non seulement les Indes demeureraient loyales, mais qu'elles demandent à prendre une part active au conflit. Personne, parmi nous, ne pensait avoir le spectacle de princes et de soldats indiens marchant près des soldats anglais sur le sol français afin de combattre les Allemands. » Donc, c'est le monde qui arrive à la rescousse. Hurrah pour l'Angleterre !

XXVI. 15 septembre 1914. — La rentrée des Belges.

Vraiment, ces Belges sont admirables ! Hier, je disais tout ce que « l'Alliance », la « Sainte Alliance », doit à l'Angleterre ; mais comment exagérer ce qu'elle doit à la Belgique ?

Nous nous rendons assez mal compte, en France, du courage moral qu'il a fallu à nos voisins pour résister aux efforts de toute nature qui ont été faits auprès d'eux, avant la guerre et depuis la guerre, pour les amener à se maintenir en dehors du conflit.

Leur résistance fut, pour ainsi dire, unanime. Il se fit, chez eux, une union comparable à celle qui s'est accomplie, chez nous, entre les partis. M. de Broqueville, dont la prescience a été admirable, n'a pas hésité, quoique chef du parti catholique, à appeler dans les conseils du gouvernement le socialiste Vandervelde ; sauf un chef de parti qui a pris une attitude assez difficilement explicable, tous les autres se sont groupés autour du roi et travaillent, du même cœur, à la cause commune, décidés à tenir jusqu'à une victoire définitive.

Le roi Albert est, avec son premier ministre, le véritable promoteur de cette énergique activité. Le roi paraît un timide, c'est une nature silencieuse et concentrée : mais sa véritable nature est toute de méditation profonde et de résolution inébranlable ; dans le repos, c'est un philosophe ; en temps de crise, il apparut un caractère : ce roi est un homme.

Le beau télégramme de félicitations qu'il adresse au Président de la République, à l'occasion des victoires françaises, le peint tout entier : « Nous gardons une confiance inébranlable dans le succès final de la lutte, et les cruautés abominables dont souffrent nos populations, loin de nous terroriser, comme on l'avait espéré, n'ont fait qu'accroître notre énergie et l'ardeur de nos troupes. »

Les actes accompagnent les paroles. Les troupes du camp retranché d'Anvers saisissent la première occasion favorable ; elles reprennent l'offensive. Avec une intelligence parfaite du service à rendre, elles se portent à Louvain et au delà de Louvain ; elles se donnent pour objectif la ligne de communication des troupes allemandes, vers Aix-la-Chapelle ; elles détruisent la voie ferrée, rétablie par les Allemands, entre Louvain et Tirlemont. Les Allemands ont compris la gravité d'une opération qui menaçait de couper leur ligne de retraite : avec les contingents qui leur restent dans ces régions, ils se sont efforcés de repousser l'offensive belge. Ils y ont, en partie, réussi ; mais, dans la journée de dimanche, le bruit courait, à Ostende, d'un gros succès belge entre Bruxelles et Louvain.

De toutes façons, l'activité des Belges sur les derrières de l'armée allemande, peut, soudain, devenir décisive. Ce serait, alors, la seconde fois que les Belges joueraient un rôle capital dans la lutte où le sort de la civilisation est en cause : en tenant bon sur la Meuse, ils ont donné aux armées alliées le temps de se former et d'accourir pour recevoir le premier choc des grandes armées allemandes ; maintenant, ils tiennent celles-ci en arrêt et sont prêts à se ruer sur elles à la moindre défaillance. La puissance, petite en territoire, représente donc une très grande force.

J'ai vu, en Belgique, une statue élevée par le peuple belge à l'*Initiative*. Cette vertu moderne est, par excellence, une vertu belge : si les Belges continuent, ils en feront un monopole. Savoir comprendre et savoir agir, c'est bien ; mais savoir deviner et savoir prévenir, c'est mieux. Quand tout sera fini, la vieille Europe reconnaîtra ce qu'elle a dû à la vigilance robuste de la jeune Belgique.

XXXVII. 17 septembre 1914. — Les victoires slaves.

Dans le vaste cercle articulé qui enserre l'Allemagne, chaque élément agit à son heure, avec une précision telle, qu'on sent approcher le moment où l'adversaire sera réduit à ne plus savoir comment se retourner pour faire front partout à la fois.

Hier, la Belgique rentrait en scène ; aujourd'hui, c'est le tour de la Russie et de la Serbie. La Russie accomplit, avec une vigueur implacable, son œuvre d'anéantissement des armées autrichiennes. Il suffit de regarder une carte pour s'apercevoir à quel point la marche, telle qu'elle l'accomplit, est la seule logique, la seule décisive.

L'Autriche prend de flanc l'Allemagne, par la Pologne autrichienne et allemande, tandis que la Prusse orientale fait une avancée puissante vers la Russie. La Russie, une fois l'Autriche abattue, pénétrera dans la Prusse centrale en tournant les places fortes qui commandent la Vistule. C'est donc une manœuvre parfaitement justifiée que celle qui a mis, en quelque sorte, l'Autriche hors de combat, et qui a livré à la Russie les chemins de pénétration en Allemagne, chemins qui se fermaient devant elle si elle se heurtait à la ligne de défense de la Vistule, en Prusse orientale.

Ce qui importe, c'est que la Russie ne cesse pas de se porter, avec toutes ses forces, sur le principal adversaire, c'est-à-dire, dans le cas actuel, l'Allemagne. Il faut, à tout prix, attirer des forces allemandes en nombre suffisant pour qu'elles ne puissent continuer à peser, comme elles l'ont fait jusqu'ici, sur les frontières françaises et belges. Ce résultat a été obtenu par la brillante campagne du général Rennenkampf, campagne qui fut toute d'héroïsme et de sacrifice ; il faut qu'il soit poursuivi par l'offensive prise, en Posnanie, en Silésie, sans compter à Kœnigsberg, dont, d'après les dernières nouvelles, le siège serait commencé.

Si nous avions besoin d'être confirmés dans le sentiment que tout le nécessaire sera fait de ce côté, il suffirait de relire le télégramme adressé par le tsar Nicolas à M. Poincaré : la voilà en œuvre et en action, la « confraternité d'armes » célébrée, il y a quinze ans, si joyeusement, dans ces mêmes plaines de Châlons, qui viennent d'assister aux victoires françaises. Le tsar avait pu, dès lors, constater la belle tenue et la grande allure de ces régiments alliés, dont il célèbre aujourd'hui les exploits : « La valeur éprouvée des troupes et le talent de leurs chefs sont dignes de la grande nation à laquelle ils appartiennent, etc. » C'est beau de voir réaliser ainsi une pensée couvée par de longues années de volonté réfléchie et de confiance mutuelle !... L'alliance russe reste le grand fait historique qui domine toute cette période de l'histoire européenne.

Et, de loin, répondent les victoires remportées par les autres Slaves, les Serbes, forçant le Danube et occupant Semlin, après avoir mené, eux aussi, tambour battant, les troupes autrichiennes.

La Serbie est en train de gagner ses galons de grande puissance. A bref délai, par la conquête de la Bosnie et de l'Herzégovine, les Serbes seront les restaurateurs de l'Empire de Douchan, et occuperont, sur le flanc occidental de l'Autriche, une situation qu'il sera bien difficile de leur disputer.

Avec quelle rapidité les événements changent ! Partout, l'élément slave est en hausse, tandis que l'élément germanique est en baisse. On dirait qu'on sent déjà osciller les plateaux de la balance où se pèsent les destinées de la future Europe.

XXXVIII. **19 septembre 1914.** — **Organisés et entraînés.**

J'adhère de tous points à la conclusion du critique militaire du *Times*, quand il annonce la retraite probable des Allemands par la ligne de la Meuse, mais, sous la réserve suivante : « Ces grands résultats ne pourront être obtenus qu'à condition que l'ordre et la méthode qui ont caractérisé, d'une façon si visible, le commencement des opérations du côté des alliés, soient fermement maintenus jusqu'à la fin. »

La bataille, engagée à la fois sur l'Aisne et la Meuse, fournit, au général Joffre, une nouvelle occasion de déployer les qualités que le monde entier lui reconnaît désormais : il est, avant tout, un *organisateur*. Il ne compromet pas inutilement les efforts de ses troupes ; il ne gaspille pas le sang de ses soldats. Il procède méthodiquement, lentement d'abord, et il ne frappe le coup décisif que quand il sent tout son monde prêt, et bien en main, quand il a réuni toutes les chances du succès. Comme Turenne, il ne laisse à la fortune rien de ce qu'il peut lui enlever.

En résistant sur l'Aisne, l'ennemi livre une bataille décisive, mais *défensive* : il a ramassé toutes les forces dont il pouvait disposer ; il les protège par des retranchements ; il établit, en avant d'elles, des fortifications naturelles ou artificielles, qui rendent l'attaque directe, pour ainsi dire impossible. Ce n'est plus cette tactique de l'offensive sur laquelle les états-majors allemands fondaient leurs premiers espoirs.

Tel est le résultat obtenu par nos premières victoires. Les Allemands ont dû trouver autre chose sur le terrain ; et cela seul est un succès. Quand une armée cherche son objectif, elle doute, c'est-à-dire qu'elle chancelle.

Un de mes interlocuteurs, officier des plus autorisés, me disait, tout à l'heure : « Nous n'avons pas encore obtenu, ce qu'en termes militaires, on appelle un « événement ». — « Le véritable événement, lui répondis-je, ne le trouvez-vous pas dans l'évolution qui s'est produite dans les esprits? L'agresseur est en retraite, tandis que notre retraite s'est transformée en offensive. Les rôles sont changés et, avec le caractère du soldat français, cette transformation me paraît bien un « événement »...

Oui, mais il faut que la méthode qui a présidé à la première phase de la campagne préside à la seconde : patience, prudence, sang-froid et, avant tout, *organisation*.

Le désarroi règne dans le camp ennemi : ses rangs se sont éclaircis, ses bataillons sont décimés : lisez les lettres trouvées sur les prisonniers. D'ailleurs, nous avons, ici même, sous nos yeux, des faits trop évidents. Les blessés allemands apparaissent, dans nos hôpitaux, hâves, décharnés, les yeux hagards. Je n'exagère rien : il n'est pas un médecin, pas une infirmière qui ne l'ait constaté. Et, par contre, nos blessés arrivent en bon état, visiblement bien nourris, intacts, aptes à supporter leurs blessures, souvent légères.

Le contraste est frappant. Il est dû au génie organisateur du général Joffre. C'est un de ses titres à notre gratitude, et je n'en sais pas de plus beau. Le succès de la bataille de l'Aisne, dans les conditions où elle se livre, est acquis d'avance au plus endurant, c'est-à-dire au plus solide, physiquement et moralement, et c'est ainsi que se présentent au feu, les soldats du général Joffre, — nos soldats !

XXXIX. 22 septembre 1914. — « Falaises de l'Aisne ».

Ainsi donc, mon pays est en état de bataille.

Parmi les terres de France, nous avons tous, par naissance ou par choix, une « petite patrie ». La mienne est justement accrochée à ces « falaises de l'Aisne », dont, depuis huit jours, les communiqués officiels parlent si cruellement.

Le petit village est niché au flanc de ces collines où les troglodytes creusèrent leurs premières tanières et qu'on appelle des *creutes;* de ma terrasse, je domine la vallée, aujourd'hui ravagée par la guerre, la rivière d'Aisne qui apparaît à travers les bois comme un couteau d'argent, les champs de blés et de betteraves qui suent la richesse de la terre depuis Berry-au-Bac jusqu'à Soissons.

Aux dernières grandes manœuvres, le général français que j'avais l'honneur de recevoir chez moi me disait :

— D'ici, avec six canons, on ne laisserait pas un homme passer dans la vallée.

Et maintenant, ce sont les Allemands qui canonnent la vallée, tandis que les Français canonnent ma maison !

J'étais très fier de son passé historique. En avant, à gauche, je montrais le profil imposant et isolé de Bourg-et-Comin : là, aux temps de la guerre des Gaules, Q. Titurius Sabinus, lieutenant de César, s'était réfugié, assiégé par les Belges, tandis que César, se portant de Reims sur la rivière, « manœuvrait » la foule des envahisseurs et les rejetait vers Berry-au-Bac.

Clovis, après la victoire de Tolbiac, était venu recevoir le baptême à Reims, et, de là, était allé à Soissons fonder la monarchie française. Jeanne d'Arc, après avoir conduit Charles VII à Reims et à Corbeny, avait suivi le vieux chemin qui longe mon jardin pour partir à la délivrance de Soissons, de Paris, de Compiègne ; à égale distance de Laon, de Soissons et Reims, ma petite maison humait, avec la brume claire du matin, toute cette vieille histoire.

Il y en avait encore une autre plus tragique, parce que plus proche. Là, Napoléon avait remporté sa dernière victoire, à Craonne, — Craonne-la-Bataille. Il a déjeuné dans la ferme qui domine le plateau, Heurtebise ; il a demandé aux « Marie-Louise » l'effort que nous demandons à nos soldats de trois ans. L'histoire revient exactement sur ses brisées.

Voilà, maintenant, que tous ces noms si chers deviennent historiques, une fois encore ; et cette histoire nouvelle, c'est nous qui la vivons. Craonne, Craonnelle, Jumigny, Vassogne, La Tour, noms héroïques dont la gloire était éteinte ; elle renaît. Pays si chers, aux noms si doux, si caressants, vous souffrez ! Belle terrasse, quel spectacle contemplez-vous de votre balcon fleuri ?

Mais, cette fois encore, c'est la victoire. Les bulletins disent : « Nos troupes occupent les falaises de l'Aisne. » Les voilà donc délivrées ! Peut-être jouissent-elles déjà de la paix du soir reconquise... Mais comment s'endormiraient-elles dans la joie de la victoire, si elles voient s'élever, au-dessus des collines de l'autre rive, les « fumières » de la cathédrale de Reims en flammes?

XL. 23 septembre 1914. — Destructions voulues.

Voici les protestations des neutres, au sujet du bombardement de la cathédrale de Reims, qui commencent à se produire ; et, d'abord, la plus auguste et la plus autorisée de toutes, celle du pape Benoît XV. Le Saint Père se serait directement adressé à l'empereur Guillaume : celui-ci est, en effet, le chef responsable.

Le gouvernement allemand a senti la gravité des responsabilités qui pèsent sur lui. Il apporte au débat une de ces explications alambiquées, — toujours les mêmes, — qui consistent à rejeter la faute sur les Français, de même qu'hier on rejetait tout sur les Belges : « Reims se trouvait dans la sphère du combat, et les Français nous obligèrent à répondre à leur feu... Des ordres avaient été donnés pour épargner, autant que possible, la cathédrale... » Comment se fait-il que ces ordres, s'ils ont été donnés, aient été si mal exécutés?

Quand on connaît les lieux, on sait parfaitement que la masse de la cathédrale se détache en un relief si puissant sur l'ensemble de la ville, qu'il est de toute impossibilité de l'atteindre sans une volonté arrêtée de la frapper. C'est un îlot colossal qui peut être ménagé sans que la destruction générale de la ville soit empêchée, à supposer que cette destruction soit nécessaire.

On avait essayé de soutenir que les Français avaient logé des pièces d'artillerie sur l'édifice ; or, ces magnifiques lanternes, ajourées, toutes ces nervures et ces vitraux (et quels vitraux magnifiques que ceux de Reims !) ne supporteraient pas, un instant, le poids et le choc de l'artillerie mise en batterie sur leurs terrasses et sur leurs contreforts délicats. Tout s'écroulerait à la première volée. L'explication, en elle-même, est si absurde qu'il a fallu y renoncer.

La vérité est qu'on a consciemment essayé d'anéantir un monument incomparable, un chef-d'œuvre de l'art français : on a tiré dessus pour le plaisir, ou, si vous voulez, par jalousie d'archéologue : c'est bien un *acte allemand*.

D'ailleurs, les destructions méthodiques de Louvain, de Senlis, de Soissons, ne sont-elles pas les prémisses logiques du bombardement de Reims?...

Il faut que ces faits indéniables soient l'objet d'enquêtes méthodiques et approfondies. Notre ministre des Affaires étrangères a transmis, par le télégraphe, aux gouvernements civilisés, sa protestation indignée : cela ne suffit pas. Il convient que des experts qualifiés, neutres autant que possible, se rendent sur les lieux et constatent, en toute impartialité, l'étendue du désastre et la vanité des explications.

Un correspondant du *Journal des Débats* donne un tableau précis de ce qui s'est passé à Soissons. Nos propres correspondants nous renseignent également :

tout le quartier du port est en ruines ; la rue du Pot-d'Étain n'est plus qu'un amas de décombres ; et ces bombardements systématiques ont été accomplis sur une ville ouverte, sans défense, évacuée, où il ne restait pas un soldat, seulement quelques rares habitants inoffensifs. A Senlis, c'est une autre méthode : les maisons des rues les plus animées ont été incendiées avant que les habitants aient pu s'enfuir ; on tirait sur ceux-ci au fur et à mesure qu'ils sortaient de leurs demeures en flammes. C'est une chasse atroce dans un fermé auquel on a mis le feu !

A quoi servent ces ruines et ces carnages? De quel résultat peuvent-ils être sur les combats engagés ou sur l'issue de la lutte? Où veut-on en venir? Quels ferments de haine entend-on semer entre les peuples? Il y a, évidemment, dessein arrêté, plan préconçu, violence préméditée : reconnaissons la main et la doctrine de ce parti pangermaniste qui veut s'imposer au monde par la terreur. Rendons responsables les chefs, et le plus élevé de tous ; le pape ne s'est pas trompé : il a visé directement l'empereur. Et les prophéties non plus ne se trompent pas : ces ruines présagent une autre grande ruine !

XLI. 26 septembre 1914.
Les responsabilités allemandes.

Tout l'effort de la diplomatie allemande tendant à accuser la Russie d'avoir voulu la guerre, le cabinet de Pétrograd a pensé, fort justement, qu'il lui appartenait de mettre les choses au point par la publication des documents officiels échangés entre les diverses chancelleries. Il vient de le faire, avec la plus grande clarté, par la publication du *Livre orange*, dont les journaux ont donné l'analyse.

Un certain nombre de faits nouveaux se dégagent de cette publication, et l'un des plus considérables, c'est que la diplomatie russe avait adhéré à une proposition de l'Angleterre tendant à confier à une conférence, à laquelle participeraient l'Angleterre, l'Allemagne, la France et l'Italie, le soin d'intervenir, par une *médiation*, dans le débat austro-serbe.

Une telle proposition était exactement conforme aux engagements pris par les puissances à La Haye. Qui se mit en travers de cette initiative? La diplomatie allemande. L'Allemagne refusa d'employer son influence à Vienne dans ce sens, et c'est elle qui, par les conseils de son ambassadeur à Vienne, fit échouer la proposition de sir Edward Grey.

Une autre initiative de la Russie dans le sens de la paix est plus importante encore ; elle n'était pas davantage connue, jusqu'ici ; la Russie déclara, par l'organe de M. Sazonoff, que « si l'Autriche, reconnaissant que la question austro-serbe a acquis le caractère d'une question européenne, se déclare prête à retirer de son ultimatum les points qui enfreignent les droits souverains de la Serbie, la Russie elle-même s'engage *à cesser ses préparatifs militaires* ». Elle va plus loin et admet que les puissances examineront les « satisfactions que la Serbie doit donner au gouvernement austro-hongrois ». C'est donc la Russie qui met, elle-même, en avant l'idée de *renoncer à sa mobilisation*, et cette offre est du 30 juillet, c'est-à-dire de la veille même des journées décisives.

Je suis en mesure d'affirmer, — et j'apporterai, au besoin, la preuve de ce que j'avance, si elle ne se trouve pas dans la publication attendue avec impatience, d'un *Livre jaune* français, — que l'Autriche-Hongrie, à cette date, prise, sans doute, d'hésitation en présence des événements dont elle prévoyait les suites redoutables, se disait prête à donner son adhésion à cette ouverture de la Russie, qui présentait une issue si honorable pour tous.

Le moindre effort, la moindre bonne volonté de l'Allemagne eût, à ce moment, arrangé les choses. Soit par voie de *médiation*, selon la formule de sir Edward Grey, soit de préférence, comme le suggérait M. Sazonoff, par le moyen de négociations directes entre Vienne et Pétrograd, les choses pouvaient encore s'arranger.

Mais, c'est précisément à cette heure que l'Allemagne brusque la rupture.

Tandis que M. Sazonoff exprimait encore à sir Edward Grey son sentiment sincère « que l'espoir d'une solution pacifique n'était pas perdu », l'empereur Guillaume répondait au suprême appel de Nicolas II en mettant brusquement la Russie en demeure de cesser sa mobilisation *hic et nunc*.

C'était poser, devant la diplomatie russe, à la fois la question d'honneur et la question de sécurité. Quels que fussent les sentiments pacifiques de la Russie, comment eût-elle pu obtempérer? D'ailleurs, le 31 juillet, à minuit, M. Sazonoff recevait l'ultimatum final : si la Russie ne renonçait pas, dans les douze heures, à toute mesure de mobilisation, c'était la guerre. Comment incriminer, en présence de preuves si éclatantes, les sentiments pacifiques de la Russie?

Ce n'est pas la Russie qui a voulu la guerre, ce n'est même pas l'Autriche ; c'est l'Allemagne. Elle l'a si bien voulue, et voulue tout de suite, qu'elle a préféré courir le risque d'engager l'Angleterre dans le conflit et de dégager l'Italie de la Triple-Alliance. L'orgueil la poussait, c'est l'orgueil qui la perdra. Toutes les responsabilités d'une guerre, qu'elle avait préparée de longue main et qu'elle conduit d'une manière si atroce, pèseront définitivement sur elle.

XLII. 28 septembre 1914.
La « cause » universelle.

Si l'on ne sait pas, dans le monde, que l'heure est décisive pour la civilisation et pour l'indépendance des peuples, c'est qu'on est assourdi par le tapage du canon, ou, pis, par la volonté de ne pas entendre. Mais le déplacement des impondérables se fait tout de même, et, à bref délai, les gouvernements se trouveront en présence de mouvements instinctifs des peuples tellement décisifs qu'ils seront impuissants à leur résister.

Ce ne sont pas seulement des faits comme l'incendie de Louvain et le bombardement de la cathédrale de Reims qui ont rendu manifeste la brutalité voulue des armées allemandes et de leurs chefs. Ces faits étaient nécessaires pour dessiller les yeux ; maintenant, ils le sont et ils voient autrement qu'ils voyaient et distinguent des choses qui leur échappaient auparavant.

On pouvait croire qu'il s'agissait d'une guerre analogue à tant d'autres qui ont ensanglanté l'histoire : des armées en face l'une de l'autre, opposant les forces viriles des belligérants, conquérant ou perdant du territoire ; un duel par devant témoins subordonné à des règles, admises de part et d'autre, et s'achevant, sur un coup décisif, par la victoire ou la défaite.

Il n'est plus question de cela, aujourd'hui. Aucune règle internationale, aucune garantie, prévue et déterminée d'avance, ne sont respectées. Les Allemands nous disent tout simplement que la guerre annule tous les traités — sauf, cependant, ceux qui ont précisément pour objet *la guerre*.

Toute la question est là. S'il n'y a plus de droit international, il ne reste plus que la barbarie, c'est-à-dire l'*anarchie internationale ;* et, à cette ruine, si elle doit se produire, le monde entier est intéressé.

Les puissances à tendance humanitaire, — les États-Unis, par exemple, — se sont efforcées, depuis dix ans, de rendre les guerres plus rares et surtout moins cruelles. Sur leur initiative ont été signées ces conventions de La Haye, dont c'était l'objet précis. Leur diplomatie n'a pas cessé de poursuivre le même but : elle fait signer encore, à l'heure présente, des traités d'arbitrage qui supposent le respect *réciproque* de la parole donnée.

Or, si, au même moment, ces mêmes États s'inclinent devant la violation scandaleuse de ces conventions dont ils ont été les cosignataires, s'ils n'élèvent même pas une protestation, quel est leur rôle? Sont-ils décidés à tourner en dérision leur autorité synallagmatique, à l'heure même où ils y recourent ; laissent-ils protester leur signature à la minute où ils l'appliquent sur des contrats solennels?... Quelle futilité et quelles conséquences! C'est cela qui deviendrait, pour reprendre le mot si juste du président Wilson, un « jeu d'enfants »!

Les opinions, qui ne se payent pas de mots, commencent à se soulever. Une émotion profonde les agite. Toutes comprennent qu'on ébranle la convention sociale jusque dans ses assises et que, demain, la force débordera sans obstacle si, pendant qu'il en est temps encore, on ne lui oppose pas une digue indestructible.

Un général anglais disait, un an avant la guerre : « Nous l'avons compris, maintenant, en Angleterre, notre frontière est sur le Rhin. » Les Anglais ont généralement, avant tous les autres peuples, l'intuition des hautes nécessités internationales. Demain, le monde civilisé dira comme eux : notre frontière est partout où se bat la France, où se battent ses alliés.

CHAPITRE III

XLIII. 1ᵉʳ octobre 1914. — L'Allemagne en baisse.

Comme la guerre actuelle est, de plus en plus, évidemment, une guerre universelle, il importe de la considérer toujours à ce point de vue, sous peine de s'hypnotiser dans la contemplation inquiète d'une ligne stratégique oscillant imperceptiblement selon les hasards d'une attaque ou d'une contre-attaque.

Le premier fait universel qui se dégage de la situation actuelle c'est que le militarisme allemand est en échec. Il ne pouvait garder sa valeur que s'il sauvait son prestige ; or, par l'effet de la bataille de l'Aisne non moins que par les suites de la bataille de la Marne, ce prestige est détruit.

La formidable armée, préparée depuis quarante ans avec un soin de tous les instants, devait tout écraser par son irruption soudaine : après avoir dû reculer, elle en est réduite à s'abriter derrière le rempart d'une circonvallation de fortune où elle lutte en désespérée. Elle multiplie les sorties ; ces sorties sont toutes repoussées ; elle comptait sur l'affaiblissement du moral chez les troupes adverses ; ce moral s'affirme, se hausse, s'exalte par la difficulté de la tâche. Le soldat français s'est formé à cette rude épreuve ; il est en pleine possession de lui-même ; ses chefs ne se laissent ni intimider ni abattre. Donc, il existe dans le monde une armée qui vaut autant, qui vaut mieux que la grande armée tant vantée. Voilà un fait universel qui, à lui seul, peut être considéré comme une victoire d'une portée incalculable. Tandis qu'un des camps hésite, l'autre prend cette supériorité décisive, l'ascendant.

L'évolution de l'opinion, dans le monde impartial, est un autre signe des temps. Cette évolution résulte non seulement d'un sentiment de répulsion, né de l'horreur qu'inspirent les méthodes germaniques, soit diplomatiques, soit militaires ; elle résulte aussi de la constatation de plus en plus répandue — et acceptée, d'ailleurs, avec joie, — que l'Allemagne ne pèsera plus, désormais, sur le monde, d'un poids aussi lourd, aussi terrifiant qu'elle le faisait auparavant. On commence à parler parce qu'on commence à respirer.

Les victoires russes sur l'Autriche-Hongrie complètent admirablement, à ce point de vue, l'héroïque défense de la Belgique et la superbe contre-offensive de la France. Déjà un des adversaires est hors de combat. L'Autriche comptait ne faire qu'une bouchée de la mince Serbie et de toute la péninsule balkanique : c'est elle qui est aux abois. Par là, l'objet initial de la guerre est manqué. Le monde germanique prétendait dominer l'Orient : cette porte lui est fermée, quoi qu'il arrive. De quelque manière qu'on s'y prenne pour recoller les morceaux de l'empire austro-hongrois, on n'en fera jamais une puissance dominatrice : les Slaves du Sud sont libérés.

Dans ce naufrage, les velléités militaires de la Turquie sont de nulle portée : les millions prodigués par l'Allemagne pour payer la mobilisation des armées turques peuvent être inscrits au compte de profits et pertes ; les bons Turcs ont touché, cela leur suffit ; les banquiers de Berlin ne rentreront pas dans leur argent.

Quittons ces horizons bas ; jetons les yeux au delà de l'Atlantique. C'est là que se forge, dans le silence, cette arme de l'opinion, encore au fourreau, mais qui, un jour, plus prochain peut-être qu'on ne pense, sera jetée dans la balance. M. Carnegie, l'ami de Guillaume II, commence à plaider les circonstances atténuantes : « C'est malgré lui que ses fils et ses conseillers l'ont poussé à la guerre. » Passons.

Voici, maintenant, la parole caractéristique de l'heure présente : M. Roosevelt, après avoir gardé le silence pendant deux mois, n'a pas cru devoir l'observer plus longtemps. Malgré ses origines et ses affections anciennes, qu'il ne cache pas, il se prononce dans la plus grande simplicité et la plus grande modération. Or il donne tort à l'Allemagne, il donne raison à l'Angleterre ; il blâme énergiquement la violation de la neutralité belge ; il dénonce ces fautes internationales qui retomberont de tout leur poids sur leur auteur et qui attirent le châtiment.

Voici donc la conscience universelle qui s'émeut au moment où les faits eux-mêmes se transforment. Quand la force et la justice se mettent au même pas, le Destin est en marche.

XLIV. 4 octobre 1914.
Les neutralités impossibles.

Les voilà, enfin, les « neutralités impossibles »...

La maladie du roi de Roumanie est la maladie gouvernementale définitive ; déjà, le bruit court de l'abdication. A bref délai, les troupes roumaines pénétreront en Transylvanie. On a gardé le souvenir du dialogue tenu, lors d'un premier Conseil de la Couronne, entre le roi Carol et le président du Conseil roumain : « J'ai donné à l'empereur Guillaume ma parole de ne pas sortir de la neutralité. Un Hohenzollern n'a qu'une parole. — Sire, par votre parole, vous pouviez vous engager, mais non la Roumanie. »

C'était, dans les formes, le conseil d'abdiquer.

Voilà donc qu'il faut se prononcer. Les influences funestes de cette Prusse conquérante, dont l'esprit et le tempérament sont si violemment antieuropéens, seront obligées, par la fatalité de l'Histoire, de s'incliner devant les volontés d'un monde que son orgueil et son insolence rapace n'ont cessé de troubler depuis trois siècles. L'Autriche, diminuée et domestiquée, s'apercevra-t-elle, à son tour, qu'elle n'a d'autre chance de survivre que d'abandonner l'alliance maudite ?

Elle va payer, maintenant, par la perte successive de ses provinces frontières, le bizarre amalgame d'ambition et de servilisme qui la mit à la remorque du vainqueur de Sadowa. La Serbie prend la Bosnie et l'Herzégovine, la Roumanie va prendre la Transylvanie....

Et l'Italie ne va-t-elle pas se jeter sur le Trentin?

En France, nous n'avions que des sympathies pour les Roumains. S'ils sont des nôtres demain, nous leur ferons place bien volontiers ; mais, il n'est que temps. Des milliers de nos enfants ont péri, nos provinces ont cruellement souffert pour ouvrir les voies aux ambitions de nos amis, les Latins du Danube. Le proverbe dit « qu'il n'est jamais trop tard pour bien faire ». Nous allons voir à l'œuvre, maintenant, l'amitié roumaine, en attendant les autres retardataires, qui finiront bien par comprendre que l'Allemagne est l'ennemie du monde entier.

XLV. 5 octobre 1914.
Une précision sur les origines de la guerre.

Oui ou non, l'Autriche-Hongrie et l'Allemagne ont-elles eu un point de vue différent à la veille de la déclaration de guerre? Le récent *Livre blanc* anglais a reproduit une lettre de sir M. de Bunsen, ambassadeur d'Angleterre à Vienne, d'après laquelle le comte Szapary, ambassadeur d'Autriche à Saint-Pétersbourg, aurait remis à M. Sazonoff des propositions tendant à prolonger les négociations, pour arriver à un arrangement sous les auspices des puissances : « L'Autriche, dit cette note, consentirait *à soumettre à la médiation* les points de la note adressée à la Serbie, qui semblent incompatibles avec la sécurité de l'indépendance serbe. »

Mais voici qu'un communiqué officieux du *Frem-*

denblatt oppose un démenti : « Nous apprenons de source bien informée, que ces assertions ne correspondent pas à la vérité... » Suivent quelques explications assez confuses, affirmant la parfaite concordance de vues de l'Allemagne et de l'Autriche-Hongrie dans les négociations qui ont précédé immédiatement la déclaration de guerre.

Toute la question est de savoir si l'Autriche a désiré voir les négociations se poursuivre, en acceptant, au besoin, la médiation des puissances, et si l'Allemagne, contrairement à ce désir, a interrompu brusquement les pourparlers par l'envoi de l'ultimatum à Saint-Pétersbourg.

Pour fortifier la déclaration de M. de Bunsen, nous avons un texte formel publié par le *Livre orange* qui, en l'absence d'un *Livre jaune*, confirme pleinement, d'après les sources françaises, l'information transmise par M. de Bunsen à son gouvernement. En effet, M. Iswolsky télégraphie le 1er août : « L'ambassadeur d'Autriche a visité hier (31 juillet) M. Viviani et lui a déclaré que l'Autriche, non seulement n'avait pas le dessein de porter atteinte à l'intégrité territoriale de la Serbie, mais qu'elle était prête à discuter *avec les autres puissances* le fond de son conflit avec la Serbie. »

Or, le 30 juillet, la Russie avait déclaré, par l'organe de M. Sazonoff, que si l'Autriche reconnaissait que la question austro-serbe a acquis *le caractère d'une question européenne* et se déclarait prête à retirer de son ultimatum les points qui enfreignent les droits souverains de la Serbie, la Russie elle-même s'engage à cesser ses préparatifs militaires (*Livre orange*).

Il n'y avait donc qu'à rapprocher ces deux propositions semblables et presque identiques, l'Autriche acceptant de *discuter avec les autres puissances* et la Russie demandant que l'Autriche reconnût que la question serbe *avait acquis le caractère d'une question européenne*, pour que l'accord fût possible.

C'est alors que l'Allemagne intervient et, au lieu d'aider l'Autriche et les puissances à chercher le terrain d'entente, comme le lui demandaient l'Angleterre et la Russie, met brusquement la Russie en demeure de cesser sa mobilisation *hic et nunc*. M. Sazonoff reçoit, de l'Allemagne, le 31 juillet à minuit, l'ultimatum final, la Russie devant y obtempérer dans les douze heures. C'est donc bien l'Allemagne qui coupe le fil et qui, brutalement, met un terme à tous pourparlers.

Je suis en mesure de donner, à ce sujet, une indication qui confirme pleinement cette suite de faits, déjà si fortement établis. Le 31 juillet, je rencontrai, à une cérémonie de deuil, à Sainte-Clotilde, l'ambassadeur d'Autriche-Hongrie ; il me dit spontanément un certain nombre de choses qui me parurent intéressantes et dont je pris note à l'instant même. Ces notes, rapprochées du texte de la dépêche de M. Iswolsky, apportent une confirmation de plus aux déclarations de M. de Bunsen. Je les cite textuellement.

L'ambassadeur me fit un assez long exposé de la négociation pendante, négociation dont j'ignorais, comme tout le monde, le détail. Il me dit, notamment, que « si la Russie donnait à la Serbie le conseil de demander quelles sont les conditions de l'Autriche, celle-ci répondrait franchement et qu'elle suspendrait sa mobilisation si la Russie suspendait la sienne ». Il ajouta que « l'Autriche n'avait aucune intention d'acquisitions territoriales en Serbie et n'entendait porter aucune atteinte à la souveraineté territoriale de cette puissance » ; il ajouta « qu'elle n'avait aucunes visées sur le sandjak de Novi-Bazar » ; enfin, l'ambassadeur dit (en propres termes), « que cela ne pouvait pas durer et que l'Allemagne, obligée de prendre elle-même ses précautions, *allait entraîner l'Autriche* si on n'agissait pas tout de suite pour que Saint-Pétersbourg prît acte des propositions austro-hongroises et fît faire par la Serbie la démarche qui ouvrirait *la seconde phase des négociations* ».

Donc, l'Autriche-Hongrie voulait ouvrir une « seconde phase des négociations » ; elle craignait *d'être entraînée par l'Allemagne;* et c'est pourquoi, le même jour, son ambassadeur faisait, au quai d'Orsay, la même démarche que le comte Szapary faisait auprès de M. Sazonoff, apportant des propositions identiques, et dont son ambassadeur se cachait si peu qu'il en parlait sans réticence au cours d'un entretien particulier.

En dépit du démenti officieux du *Fremdenblatt*, il est de toute évidence qu'il y eut, à cette heure décisive, une divergence sensible, pour ne pas dire une opposition complète, entre l'attitude de l'Allemagne et celle de l'Autriche-Hongrie ; celle-ci, prévoyant sans doute les suites du conflit, désirait ouvrir une seconde phase de négociations sous les auspices des puissances. C'est Berlin qui s'y est refusé en rompant brusquement avec Saint-Pétersbourg.

Ce n'est pas la Russie qui a voulu la guerre, c'est peut-être l'Autriche : mais c'est sûrement l'Allemagne. Les faits sont acquis désormais ; les communiqués, officieux ou non, les mensonges, officiels ou non, n'y changeront rien.

XLVI. 7 octobre 1914. — Albert de Mun.

Albert de Mun écrivait, le 5 octobre au soir : « Il faut être sage, contenir à deux mains son cœur, attendre à demain, à ce soir peut-être... » Mais le « demain » lui a été refusé : la nuit même, ce cœur qui battait si fortement pour la patrie, ce cœur que sa main comprimait en vain, s'est rompu. Rien de plus poignant qu'une telle mort, en pleine angoisse patriotique, au moment où le père vient d'embrasser le fils qui repart pour le front.

La figure si belle et si noble d'Albert de Mun avait pris, dans ces derniers temps, une grandeur impressionnante. Amaigri et svelte, dans un costume qui rappelait vaguement l'uniforme, botté, sanglé, il semblait toujours prêt à partir, lui aussi ; mais son visage pâle, rayé de la moustache grise, ses grands yeux cernés et tristes, son attitude légèrement forcée et roidie, tout prouvait que l'âme avait peine à dompter le corps et qu'elle seule ne voulait pas céder.

Il passait rapidement parmi les groupes, disait un mot bref, presque militaire, et, après avoir pris connaissance des nouvelles de la guerre, se plantait devant les cartes comme s'il y cherchait le lieu et le secret de la victoire. Toute sa vie paraissait pendue à ces minutes du « communiqué »; il pesait minutieusement les termes, réfléchissait, jugeait en silence et s'éloignait dans la nuit. Le soir, à sa table de travail, il retrouvait son éloquence, ses élans magnifiques, sa verve presque familière pour donner, à l'*Echo de Paris*, les articles qui distribuaient à l'âme de la nation les fortes raisons d'espérer, d'abord préparées dans son âme.

Tel il était hier, tel je l'ai connu depuis plus de trente ans à la Chambre, à l'Académie, dans le monde, toujours affable et attentif, mais grave et réservé, ne s'intéressant qu'aux nobles causes, se gardant pour sa foi et pour son pays. Albert de Mun était l'un des plus parfaits exemplaires du gentilhomme français que notre temps et notre pays aient connus : il a transmis les traditions de la vraie France à la génération de soldats et d'hommes d'action qui se bat maintenant et qui gouvernera demain. Sa nature était si nettement contraire à toute vulgarité que, dans des temps médiocres et parmi le grossier étalage des appétits bas, sa présence seule était un jugement.

Que dire de son éloquence? Elle puisait son inspiration aux sources les plus pures; elle était vibrante et forte, militaire; mais elle avait, en outre, une ampleur émouvante que développaient encore la largeur du geste et le prolongement sonore de la voix. Après s'être prodiguée pour défendre les choses qui passionnèrent sa vie : la liberté de conscience, la foi religieuse, la démocratie, l'armée, la France, cette voix s'était tue.

Le mal qui devait frapper l'homme arrêtait l'orateur. Un jour pourtant, on l'entendit encore ; à propos du traité congolais et de l'affaire d'Agadir, Albert de Mun trouva des accents qui passèrent au-dessus de l'auditoire et retentiront jusque dans l'histoire.

La péroraison, pour écarter le calice d'un tel traité, évoquait la figure de la France, « la France de demain, la France d'hier, debout dans le deuil du passé ».

Cette adjuration suprême produisit sur les auditeurs, à quelque parti qu'ils appartinssent, un effet électrique tel que la séance fut suspendue. La Chambre entière acclama cette parole qu'elle ne devait plus entendre. Quelqu'un dit au comte de Mun : « Ils se parent de vous ! »

Une remarquable transformation se fit alors dans sa nature. On eût pensé qu'elle avait besoin, pour être tout à fait elle-même, du piédestal de la tribune, du mouvement des foules, de l'ardeur des batailles politiques. De Mun paraissait tellement « l'orateur » qu'on ne pouvait le concevoir sans « l'auditoire ». Condamné, pour ainsi dire, au silence, il s'assit à la table de l'écrivain et il s'y révéla bientôt un journaliste admirable. Il avait ce don extraordinaire de dégager une sorte de magnétisme chez le lecteur comme il l'avait fait chez l'auditeur. Son public le suivait haletant : ce cœur frappé mais jamais las entraînait les cœurs ; on s'abandonnait à cette fascination étrange qui venait de la sincérité et d'une grande foi.

J'ai sur ma table, avec une dédicace qui m'a bien touché, le dernier livre publié par Albert de Mun : *l'Heure décisive*. C'est une longue prophétie, mais une prophétie toute d'actualité et de réalité : il prévoit et voit ; il dit et il agit. Il devine la guerre et il la prépare ; il a vécu, d'avance, les angoisses de cette lutte imminente : « Personne en Europe ne veut la guerre, écrivait-il en 1913. Cependant elle s'avance à pas constants à travers les intentions et les craintes, les efforts et les conseils, conduite par la force aveugle des situations et des événements. » Et il répétait sans cesse : « Soyons prêts ! » La destinée lui réservait de voir la prophétie se réaliser quand il était encore là.

J'aurais voulu définir la personnalité d'Albert de Mun, et j'ai à peine indiqué ce long effort auquel elle fut consacrée, sa tentative d'unir les doctrines religieuses de son enfance et l'avenir de la démocratie, son dévouement aux classes ouvrières, sa soumission réfléchie aux enseignements de Léon XIII, la loyauté avec laquelle il se rallia aux institutions et même aux gouvernements républicains quand il y discernait la moindre parcelle d'attachement aux intérêts supérieurs du pays.

Ce politique ardent, ce parlementaire éminent n'était pas du tout un homme de parti. Il n'avait ni l'esprit de coterie ni l'esprit de chapelle.

En cela encore se signalaient en lui le cœur et l'éducation du parfait gentilhomme, avec, peut-être, une goutte du sang d'Helvétius qui coulait dans ses veines.

Albert de Mun n'avait ni haine, ni crainte ; il faisait son devoir et suivait son idéal en chrétien.

Cette belle vie n'aura pas eu son couronnement, elle n'aura pas assisté à la victoire pour laquelle elle se serait si ardemment sacrifiée. Du moins elle en a eu la certitude fervente.

Voici les derniers mots tombés de sa plume : « Ce soir, après avoir écrit ces lignes, je me coucherai avec l'espoir au cœur. Quand on les lira, puissé-je me réveiller dans l'enthousiasme !... » Il s'est réveillé là où l'on sait et où l'on voit.

XLVII. **8 octobre 1914.** — **L'effort récompensé.**

La visite du Président de la République aux armées et à Paris coïncide, comme la population parisienne en avait eu le juste pressentiment, avec une phase nouvelle des événements militaires ; cette impression était, en somme, dans la logique des choses. Quels que soient les incidents de détail, la puissance offensive de l'ennemi, après vingt jours de luttes, ne peut être que grandement affaiblie. L'union intime de toutes les forces françaises lui oppose un bloc qu'il ne peut plus entamer.

Le Président de la République, en visitant les troupes du front et le camp retranché de Paris, a pu se rendre compte de l'état moral du soldat ; il le définit en ces traits exacts : « L'endurance avec la flamme, l'opiniâtreté avec l'élan. » Jamais on ne croirait que ces hommes, d'une allure si crâne, viennent de passer deux mois dans une véritable fournaise, qu'ils ont vu leurs camarades tomber autour d'eux et qu'ils ont été aux extrêmes limites de la tension que l'âme peut demander au corps ; ils sont tranquilles et sûrs d'eux, tout prêts à recommencer, — et ils recommencent !

Cet état moral est celui de la nation, dans toutes

ses parties et dans tous ses rangs ; la grandeur des sacrifices ne décourage personne. Le pays s'incline et les familles acceptent. Il faut vaincre.

C'est de cette communion intime entre l'armée et le pays que naît cette force indomptable opposée aux armées allemandes et qui, malgré la fureur de leurs attaques, les tient en respect et leur rend tout progrès impossible. Ils se jettent désespérément sur un mur qu'ils ne peuvent ni franchir ni abattre.

La série des attaques qui se sont multipliées dans ces derniers jours, de la part des ennemis, notamment dans la région du Nord, avec des éléments de cavalerie et des formations amenées sans doute de l'Est, n'ont eu, malgré tout, qu'un caractère défensif. Il ne s'agit même plus de rompre le cercle, mais uniquement d'empêcher qu'il se ferme. Même réduite à ces proportions, cette tentative suprême ne paraît pas avoir réussi.

Une correspondance du *Daily Mail* constate, avec raison, dans la stratégie allemande, « le manque d'esprit de suite des opérations, le va-tout joué, le brusque déplacement du centre de gravité, non seulement d'un front sur l'autre, mais d'une partie du front à une autre partie » ; et l'on trouve, dans cette incohérence impulsive, comme un effet de l'état nerveux du kaiser lui-même.

Certes, nous ne sommes pas au bout ; les retours de la fortune sont toujours à prévoir, mais ils ne seront, sans doute, s'ils se produisent, que locaux et accidentels, du moins si l'on envisage les événements qui s'accomplissent en territoire français.

Il semble, maintenant, que les armées allemandes

songent à modifier leur front, une fois encore : en échec vers Lens et Armentières, elles se retournent sur Anvers. Anvers sera, sans doute, l'objectif de demain ; mais nos amis belges savent que la fidélité et la fraternité d'armes franco-anglaises ne les perdent pas de vue.

A chaque jour sa peine : la France sent approcher l'heure où son sol libéré lui ouvrira le chemin vers les territoires où s'est jouée la première partie et qui, après avoir été à la peine, vont être de nouveau à l'honneur.

Après deux mois d'immenses efforts unanimes, la France sait gré au Président de la République d'une visite qui est elle-même un acte et qui marque une évolution indéniable dans les situations et dans les faits.

XLVIII. 11 octobre 1914.
Les provinces qui souffrent.

[*Notre éminent collaborateur M. Gabriel Hanotaux était allé dans l'Aisne porter des secours du Comité national. Il y a trouvé sa maison familiale, où il conservait une bibliothèque lentement assemblée, à demi détruite. Le village avait subi trois jours de bombardement.*

A la lettre qu'il a écrite à notre rédacteur en chef, M. Alfred Capus, pour lui donner ces fâcheuses nouvelles, M. Hanotaux avait joint cet appel en faveur des populations si durement éprouvées par l'invasion.]

Il y a, dans les régions de la France qui ont supporté

l'invasion, de grandes souffrances, et qui demandent des secours immédiats.

Ne parlons pas des destructions systématiques, des villages incendiés, des fermes et des usines saccagées, de tout ce que le temps seul pourra réparer. Il reste, sur les lieux, une population brave et calme, mais dont les souffrances et les misères s'accroissent de jour en jour. Le Comité du Secours national et les œuvres analogues se multiplient ; mais elles ne pourront suffire à leur tâche si, de toutes les parties de la France, on ne vient à leur aide. Il faut agir tout de suite et, surtout, il faut préparer les lendemains. Au fur et à mesure que les « provinces qui souffrent » sont libérées, il convient qu'une organisation secourable, méthodique, vienne à leur aide.

J'ai à peine besoin de dire que les services de l'armée sont, pour elles, d'une libéralité cordiale qui veille aux premiers besoins ; les administrations civiles, les municipalités agissent selon leurs moyens ; mais combien restreints, quand ce ne serait que par suite de la difficulté des communications.

L'argent lui-même sert de peu : ce qu'il faut, ce sont des dons en nature réunis d'avance et prêts à être distribués aux populations le plus rapidement possible. Il y a un double devoir : celui qui incombe à l'État, et il y veille avec la plus grande vigilance ; celui qui incombe aux bienveillances individuelles qui doivent agir par l'intermédiaire des œuvres existantes et de celles qui se créent sur les lieux.

Les premiers envois du Comité du Secours national sont acheminés ; des correspondants qui se tiennent en relation avec les municipalités ont été désignés. Le commerce fait déjà beaucoup, quand il lui est possible de reconstituer lui-même ses approvisionnements épuisés. Mais il ne peut suffire à tout.

J'ai vu, dans des fermes dévastées, des familles errantes sur les décombres. Tout à l'heure, j'ai vu une femme, mère de huit enfants et qui en attend un neuvième, sans ressources, sans feu et sans secours, dans sa triste demeure et ne recevant guère que de rares miches de pain que les voisins lui apportent. C'est un exemple plus frappant que d'autres, mais qui n'est qu'un parmi cent autres.

Je le répète, le courage et la patience de ces populations sont au-dessus de tout éloge : elles supportent ces maux dans la foi de la victoire qu'elles attendent avec une fermeté inébranlable. Même sous le feu, leur force d'âme est la même : elles sortent des caves pour aller aux provisions ; elles s'entr'aident d'une maison à l'autre et se partagent les rares aliments qui restent.

Voici le froid ; il faut des vêtements ; les objets de consommation qui viennent du dehors font défaut. Il faut des souliers, de l'épicerie, de la lumière, du chauffage, que sais-je? Dans certains endroits, on vit sur ce que l'invasion a pu laisser de la récolte, de quelque bétail subsistant ; on a repris, partout où c'est possible, les travaux des champs, l'arrachage de la betterave, les premiers labours ; mais les hommes sont partis, les chevaux manquent, le bétail se fait rare. Et que sera-ce demain?

La France n'a qu'un seul cœur, une seule âme, un

seul corps ; quand une partie souffre, tout souffre. Je supplie Paris, ce grand Paris, qui a déjà tant fait, de faire plus encore ; je supplie les provinces qui sont moins à plaindre de penser à celles qui ont à supporter tant de maux et de misères et qui les supportent si bravement.

Les souscriptions au Comité du Secours national, aux œuvres similaires doivent se multiplier avec l'hiver qui approche ; c'est par centaines de mille que se comptent les Français et les Belges qui ont besoin. Quoi qu'elles fassent, la charité et la solidarité nationales ne seront jamais à la hauteur de cette immense tâche !

XLIX. 16 octobre 1914. — La Belgique en France.

La noble et touchante proclamation du gouvernement du roi Albert au peuple belge aura dans le monde entier et jusque dans les siècles à venir le plus profond retentissement : un peuple demandant l'hospitalité à un autre peuple après s'être sacrifié pour lui, j'ai beau chercher, je ne trouve, dans le passé, rien qui puisse être comparé.

Et je ne trouve rien, non plus, qui puisse être comparé à la violence affreuse d'une grande puissance essayant d'exterminer une petite puissance parce que celle-ci a voulu vivre libre, rester fidèle à sa parole et à la loi de l'honneur.

Quelle que soit l'issue du conflit actuel, un jour

viendra où la « justice immanente » appellera de tels faits à son tribunal, et quelle comparaison, quel contraste, alors, entre les deux actes qui s'opposent et qui sont en fonction l'un de l'autre : l'Allemagne ruinant et détruisant, tandis que la France recueille et sauve !

La Belgique moderne est fille de la France et de l'Angleterre : il est naturel, qu'au comble de l'infortune, elle cherche un asile auprès de ses deux mères. La reine est en Angleterre, le gouvernement est en France, tandis que le roi reste à la tête de ses troupes. Tout cela est simple et juste comme les plus belles scènes d'un drame antique.

Je relis cette proclamation : elle est toute en précisions et en acte. Aucune plainte, aucun retour sur les tragiques événements d'hier, à peine une allusion à l'amertume « d'ajouter une nouvelle épreuve à tant d'autres » ; et, tout de suite, la décision réfléchie, l'espoir, la confiance inébranlable dans « la victoire du droit » ; et, tout de suite encore, l'appel à la France qui touchera au cœur tous les Français : « Le gouvernement belge s'établira provisoirement au Havre, où la noble amitié du gouvernement de la République française lui offre, en même temps que la plénitude de ses droits souverains, le complet exercice de son autorité et de ses devoirs. »

Amis, soyez les bienvenus ! La France sait ce qu'elle doit au roi Albert et à son peuple ; elle sait ce que l'humanité doit aux nobles exemples que la Belgique n'a cessé de lui donner. Nos parentés sont anciennes ; les premiers rois Francs descendaient de votre Belgique quand Clovis, originaire de Tongres et de Tournay, est venu, à Soissons et à Reims, fonder la France, et quand les Pépins de Landen ou d'Héristal nous apportaient le sang de notre seconde dynastie. Aujourd'hui, venant chez nous, vous êtes chez vous. Toute l'histoire européenne est débitrice de vos Pays-Bas. Au seizième siècle, vos pères ont connu, eux aussi, la dévastation, les supplices, les villes incendiées et pillées, toutes les violences par lesquelles l'orgueil de la domination croit dompter les âmes. Mais leur vaillance a tout surmonté et les libertés européennes datent de ces nobles résistances.

Il en sera de même aujourd'hui, car il ne peut pas se faire que l'humanité entière ne devienne la protectrice et l'alliée de ceux qui ont tant souffert pour la cause de l'humanité. Anvers après Bruxelles, après Malines, après Louvain, après les moindres villages dont le nom est à peine connu, ouvre un compte qui ne sera réglé que par la soumission complète du vainqueur d'un jour.

Les Allemands annoncent qu'Anvers devient leur base d'opération contre l'Angleterre. Tant mieux ! L'Angleterre n'en connaîtra que mieux son devoir : menacée par « le pistolet qui la vise au cœur », elle ne mettra bas les armes que quand la Belgique sera non seulement délivrée, mais assez forte pour lui servir définitivement de boulevard contre les ambitions allemandes.

Quant à la France, puissance continentale et militaire, elle tient en échec la formidable machine de mort lancée sur le monde. Il faut voir nos soldats, de quelle âme ils supportent les misères de nos tranchées et de quel élan ils se jettent en avant pour enlever celles de l'ennemi. Aucune souffrance ne les accable, aucune fatigue ne les énerve ; la victoire et la confiance sont auprès d'eux.

Ils délivrent pied à pied la terre française ; ils s'approchent du territoire belge ; comme en 1792, ils y seront accueillis en libérateurs, et l'union fraternelle des deux peuples sera scellée pour toujours par les luttes communes et les communes victoires. Une carte nouvelle de l'Europe se dessine au nom de la liberté et de l'indépendance des peuples ; une Belgique plus forte sera la sœur à jamais préférée d'une France reconstituée.

La Pologne, l'Alsace-Lorraine, la Belgique, tous les peuples abattus et à jamais debout, crient vengeance devant le monde et devant l'Histoire. Le Dieu qu'Il invoque sans cesse ne peut déserter sa propre cause, — celle de la justice et du droit.

L. **17 octobre 1914.**
Le « bon billet » de M. de Jagow.

L'interview donnée au *Giornale d'Italia* par M. de Jagow, ministre des Affaires étrangères d'Allemagne, décèle un peu plus de mesure et de finesse dans l'appréciation des faits et des situations que n'en manifestaient jusqu'ici les communications diplomatiques allemandes. Le ministre n'oublie pas qu'il a été antérieurement ambassadeur et, pour convaincre l'opinion publique italienne, il cherche à parler le langage qui lui paraît de nature à séduire celle-ci.

La neutralité italienne a été une déception pour

l'Allemagne : il ne s'en fâche pas, il pallie plutôt. Son principal effort consiste à tout reporter sur la « haine » de l'Italie contre l'Autriche. La « haine », c'est le mot qu'emploie le ministre, et il y insiste un peu plus qu'il ne convient et, cette fois, à la manière allemande : « La haine, ajoute-t-il, répétant un mot de Bismarck, n'est pas un sentiment politique » ; mais il croit pouvoir distinguer entre les « sentiments » que l'Italie professe pour l'Autriche et ceux qui doivent exister entre l'Italie et l'Allemagne : « Les sentiments de l'Allemagne pour l'Italie sont restés amicaux, dit-il, et nous sommes disposés à en donner des preuves même après la guerre. »

Voici donc la tentation : l'Allemagne donnera satisfaction aux intérêts italiens ; — mais plus tard, après la guerre.

Et comment? Par quels moyens?

Sur ce point capital, pas un mot. S'agit-il du Trentin, que l'Italie réclame à juste titre? S'agit-il de Trieste? S'agit-il de la domination de l'Adriatique? Tous ces territoires appartiennent à l'alliée autrichienne ou sont visés par elle. L'Allemagne fait-elle déjà si bon marché des « droits historiques » de son unique alliée? Ou s'il s'agit de futures miettes ramassées sur l'immense domaine colonial des belligérants, pense-t-on sérieusement que les légitimes revendications d'une puissance comme l'Italie seront satisfaites quand il s'agira de remanier, sans elle, la carte de l'Europe? Les finesses un peu lourdes du sous-secrétaire d'État ne peuvent prévaloir contre les faits et contre les intérêts évidents.

C'est l'objection que le *Giornale d'Italia* formule

nettement dans le commentaire dont il accompagne les déclarations de M. de Jagow : « Ce qui est en jeu pour nous, ce ne sont pas les survivances des sentiments datant du *resorgimento;* ce n'est pas l'histoire antique qui nous émeut, c'est l'histoire contemporaine et la considération de nos intérêts... Nous sommes en présence d'une guerre de races que le Livre blanc lui-même proclamait au début de la guerre, et pour laquelle il excluait la collaboration d'un groupe ethnique différent, *sinon sous la forme de vasselage!* »

La question est bien posée : si le groupe des deux Empires l'emporte, qui peut douter que l'Autriche ne réclame, d'abord, la domination de l'Adriatique? Et l'Italie n'aura qu'à s'incliner devant la volonté des vainqueurs. A quoi bon essayer de mettre en défaut « le sens subtil » des Italiens, et d'évoquer le lointain péril slave? Au moment où meurt l'éminent ministre qui eut la sagesse de s'appuyer sur le texte des traités pour décider de la neutralité, l'opinion publique italienne est pleinement avertie ; elle sait que le danger est plus proche, et elle n'en est plus à écouter les promesses à échéance du tentateur : on ne fait pas au germanisme sa part.

LI **19 octobre 1914.** — **L'opinion américaine.**

On n'a peut-être pas assez remarqué une dépêche datée de Washington, le 16 octobre, annonçant que M. Gardner, député du Massachusetts, a déposé, sur le bureau de la Chambre des représentants, un projet de résolution tendant à la nomination d'une commission d'experts, pour enquêter sur « l'état de préparation de l'Amérique à la guerre ». L'honorable M. Gardner a fait suivre l'exposé de cette résolution de quelques considérations peu favorables « à la mauvaise cause allemande ».

Je n'ai nullement l'intention d'exagérer l'importance de cette initiative : elle indique les sentiments particuliers d'un Américain ; elle ne préjuge en rien les dispositions du gouvernement et du peuple. Il est permis toutefois de faire observer qu'elle n'eût pas pu se produire, sans doute, il y a deux mois et qu'elle témoigne, tout au moins, d'une certaine évolution dans l'état des esprits. Les correspondances privées qui nous arrivent des États-Unis sont, d'ailleurs, très formelles sur ce point : l'opinion américaine est, nous dit-on, dans la proportion de 80 pour 100, favorable à la cause des Alliés. Des sentiments analogues s'affirment, comme on le sait, en Amérique du Sud.

Un mouvement si général s'est manifesté à la suite des faits qui ont rendu évidentes à tous les yeux les dispositions barbares des armées germaniques et de leurs chefs. Louvain, Reims, Arras ont achevé ce que la violation de la neutralité belge avait commencé. Maintenant, la douleur que cause l'égorgement d'une nation libre, la Belgique, touche au cœur ces peuples qui ont eu tant de peine à conquérir leur propre liberté. Toutes les indépendances sont solidaires.

Et puis, les intérêts, à leur tour, commencent à s'émouvoir. En réponse à la campagne assez maladroite des ambassadeurs allemands, une campagne s'est engagée, en sens contraire, et elle est menée par des Américains. Ils font observer que l'Angleterre ne se pardonne pas la faute qu'elle a commise en n'intervenant pas en 1870 : si elle eût empêché, alors, le démembrement de la France, elle eût sauvé, sans doute, l'équilibre européen et se fût épargnée à elle-même bien des maux.

Comment l'Amérique se ferait-elle illusion, à l'heure présente, sur les conséquences d'une victoire allemande?

L'Empire allemand ne cache pas sa volonté arrêtée de ruiner l'Angleterre et de démembrer la France. De toute évidence, la première sanction d'une telle victoire serait la destruction de la flotte anglaise et la cession d'un ou de plusieurs ports français ou anglais sur l'Atlantique.

L'Amérique se trouverait la *voisine* maritime d'un empire colossal et dont l'objectif est, avant tout, économique.

L'Allemagne veut conquérir le monde des affaires, par le triomphe de ses armes ; c'est le véritable sens de la devise du kaiser : « Notre avenir est sur la mer. »

Comment l'Amérique songerait-elle à maintenir son indépendance économique d'abord, puis son indépendance politique, si elle se trouvait seule en face de la plus grande puissance militaire et navale qu'aurait connue le monde? Serait-ce par les armes? Trop tard. Serait-ce par les protestations pacifistes? De quel prix seraient-elles auprès des violateurs de la paix belge et de la paix européenne?

En cas de victoire allemande, il n'y aura plus de

place dans le monde que pour la force, la force brutale, sans pitié et sans frein. Il serait vraiment extraordinaire que l'illusion obstinée des apôtres de la paix à tout prix fît, de leur doctrine, la très humble servante et la coadjutrice aveugle du militarisme absolu.

On commence à raisonner ainsi dans certains milieux aux États-Unis, et ces sentiments, malgré sa ferme volonté de garder la neutralité la plus rigoureuse, n'ont pas été sans toucher le président Wilson lui-même. Il comprend la gravité de la situation, la grandeur des responsabilités qu'il assume devant l'histoire.

Il a dit, lui-même, avec une forte et haute raison, en repoussant des conseils imprudents, qu'une action quelconque en faveur de la paix, n'était plus, désormais, « un jeu d'enfants ».

Qui sait, peut-être d'autres préoccupations commencent-elles à s'agiter dans son âme? Les Allemands ne cachent pas leur intention, depuis qu'ils ont occupé Anvers, d'atteindre et de frapper Londres. Londres est la métropole du monde anglo-saxon ; Londres rayonne partout où le verbe britannique retentit. Si Londres était atteinte, quelle âme anglo-saxonne ne se sentirait touchée?

Les sentiments en émoi, les intérêts menacés, le sens profond des grandes solidarités humaines, tout travaille à l'évolution qui se produit dans l'âme américaine et dont la proposition de M. Gardner n'est qu'un indice. L'honorable député, invoquant, lui aussi, le Dieu des batailles, a pu dire devant la Chambre des représentants : « J'ai le ferme espoir que le Dieu des batailles infligera la défaite aux Germains envahisseurs. » Très bien. Mais, qu'on nous permette d'ajouter, en manière de glose, le vieux proverbe : « Aide-toi, le ciel t'aidera ! »

LII 21 octobre 1914. — Les deux civilisations.

C'est entendu, il y a deux civilisations, la civilisation allemande..., et l'autre. L'*autre*, c'est celle qui groupe, contre l'Allemagne, tous les peuples de l'univers.

Un journal de Hambourg écrit, traduisant un sentiment unanime chez *eux* : « Une défaite allemande serait la fin de la vraie humanité ; si le monde veut voir le progrès, *il faut que le monde devienne allemand...*»

La question est nettement posée : la domination exclusive de l'Allemagne est nécessaire au monde ; pour être sauvé, il doit se soumettre à la seule discipline germanique ; le peuple allemand est le peuple élu.

Rien de plus vain que les discussions ethnographiques : si on se met à mensurer des crânes, à soupeser des squelettes, il n'y a pas au monde de race pure, — même, et surtout, la race germanique. Elle est en partie celte, en partie slave, en partie scandinave : l'élément germain est infiniment mêlé et, en tout cas, étroitement localisé. Mais ce qui reste suffit pour devenir le sel de la terre !

Un écrivain français, négligeable à nos yeux, le comte de Gobineau, ayant cru, en qualité de Normand, que le sang d'un pirate norvégien coulait dans ses veines, est parti de là pour affirmer la supériorité des races germaniques ; son puffisme généalogique est devenu, pour les Allemands, parole d'Évangile. Les *Gobineau-Verein* ont transformé en système les billevesées prétentieuses de notre compatriote, sans même se dire que les Norvégiens, pères de nos Normands, sont des Scandinaves, non des Allemands.

La culture allemande, fille par la France et par l'Angleterre de la culture grecque et latine, tire surtout sa valeur de ces hautes descendances. Assez stérile par elle-même, elle ne s'est développée et renouvelée, au cours des siècles, qu'en se retrempant aux sources mères. La bâtisse de Cologne est un agrandissement monstrueux de nos fines cathédrales françaises, que la race *élue* déteste pour les avoir si maladroitement copiées. Les palais de Versailles et de Trianon ont essaimé de lamentables pastiches dans la plupart des capitales allemandes. Le goût est à la torture en y recherchant l'inspiration de nos architectes des grands siècles.

Et que serait l'œuvre de Gœthe si on en supprimait ce qu'elle doit à Shakespeare, à Voltaire, à J.-J. Rousseau? Barbey d'Aurevilly, bon critique français, a mis à nu « les procédés de mémoire, d'investigation, de retouche, de pointillé, — disons de démarquage — qui sont ceux du grand Gœthe »... « Ce prétendu génie, dit encore d'Aurevilly, n'a pas la puissance de nous *faire vivre fort*. Il laisse froids même ceux qui l'admirent ; il est froid parce qu'il est ennuyeux. Le génie peut-il être ennuyeux?... »

Barbey était sévère. Mais il est bien permis de dire que le grand homme n'est pas toujours amusant,

Sous la férule de nos maîtres, dix générations de Français ont pâli sur *Clavijo* ou *Iphigénie en Tauride*, — en bâillant. Les tragédies de Schiller, d'une saveur plus franchement germanique, sont gâtées par le fatras romantique.

Qu'y a-t-il encore? Kant. Était-il nécessaire qu'il accablât le monde sous le poids de ses livres de plomb quand la civilisation méditerranéenne nous avait laissé, après la Bible, l'Évangile, et après Platon, Descartes?

Le premier effet de cette guerre de salut, de cette croisade où la France s'est engagée à l'appel de l'idéal, sera de libérer la civilisation de l'oppression intellectuelle allemande, de restaurer le génie européen en le remettant dans son axe. L'alliance du cœur chez les peuples alliés fera l'alliance des esprits. Quand on marche ensemble, on prend le même rythme du corps et de la pensée.

Les générations futures recevront pieusement les exemples et les leçons des pères qui ont combattu coude à coude, sur les mêmes champs de bataille, pour les mêmes causes. La civilisation future unira, dans un seul sentiment de confraternité et de loyauté réciproques, les génies français et belge, anglais et slave, avec l'apport général des génies latin et américain en arrière-plan; elle sera d'une puissance et d'un charme incomparables. L'Allemagne rompt volontairement avec Shakespeare, Molière, Tolstoï; d'accord. Affirmons, nous, l'immortelle trinité. Les égards que des amis se doivent vont réchauffer les contacts, disposer les intelligences aux collaborations fécondes et aux rayonnements simultanés.

Déjà, ne sentez-vous pas quelque chose de cette copénétration et de ces mutuelles sympathies intellectuelles dans le rapport où le général French parle avec tant de respect et de chaleureuse déférence des conceptions stratégiques du général Joffre? L'art de la guerre est le premier des arts humains puisqu'il a l'homme lui-même comme élément et comme objet. Une discipline générale des intelligences suivra la discipline des courages.

La France est à la tête et à l'avant-garde de cette forme nouvelle de la culture mondiale, que l'on sent naître dans ces longs mois de gestation douloureuse. Quelles belles initiatives — dans les lettres, dans l'art, dans la philosophie, dans la religion — fait prévoir déjà ce *resorgimento!* La nation française, coutumière des nobles dévouements, donnera l'exemple comme elle a donné le signal. Son territoire, arrosé de tant de sang, produira la première moisson. Elle a lutté depuis quarante-quatre ans, avec son âme et avec son esprit ; elle lutte avec ses armes ; demain, elle vaincra avec sa foi vigoureuse et sa claire intellectualité. La frontière qu'elle va reconquérir sera désormais la frontière de la civilisation indépendante.

Quand elle se sera libérée, la France rangera ses armes pour se mettre à ses autres tâches ; car elle ne se repose jamais ; elle élèvera de nouvelles cathédrales, elle bâtira de nouveaux Versailles ; elle inspirera de nouveaux Ingres et de nouveaux Corot : la dépense du génie ne lui coûte pas. Et elle montrera de nouveaux chefs-d'œuvre aux Allemands pour qu'ils les copient, les démarquent et les contrefassent, comme ils l'ont fait de toutes les beautés que leur a prodiguées l'invention occidentale.

Leur Nietzsche, dégoûté d'un cabotinage grossier et *humide*, disait, en réaction contre Wagner : « Déjà *l'action nous délivre;* l'inspiration d'un Bizet emprunte à la tradition classique la logique de la passion, la marche directe, l'inflexible nécessité. Elle possède, avant tout, la qualité de ces climats, la sécheresse de l'air, la *limpidezza*. » Et il ajoutait : « Il faut méditerraniser la musique ! » Ajoutons : « Il faut dégermaniser la civilisation ! »

LIII. 22 octobre 1914. — La vallée en armes.

Je l'ai revue, cette vallée de l'Aisne qui vient d'ajouter, à tant de souvenirs, une page qui sera l'une des plus belles de l'histoire du monde. J'étais anxieux de savoir comment elle s'était aménagée pour encadrer l'héroïsme de nos soldats : elle est magnifique !

Quand nous débouchâmes, la brume traînait encore sur la rivière ; on entendait le canon gronder au loin d'un son mou, comme à travers de l'ouate. Soudain, le rideau se déchira ; le soleil parut, et, d'un rayon froid, illumina toute la contrée. Et de la colline où nous étions, la vallée, peu à peu découverte, déroulait un spectacle grandiose et militaire.

Nos regards se portèrent d'abord sur l'autre versant, au haut de la falaise à pic, où nous cherchions les toits familiers. On eût dit le mur d'une forteresse crénelée, et, pour compléter l'impression, au-dessus, dans le ciel bleu, s'élevaient de temps en temps les flocons blancs des artilleries lointaines tirant à intervalles réguliers.

La vallée, toute dénudée et de lignes sobres, s'était mise, elle aussi, en état de guerre : elle avait perdu sa bonhomie souriante ; mais comme elle était plus belle en sa gravité mâle ! Les arbres coupés, les champs ridés non par les roues des chariots paisibles, mais par celles des canons et des caissons, les chevaux de la cavalerie au piquet, faisant la jolie tache blanche que relève le pimpant uniforme des chasseurs d'Afrique ; sur les routes, les patrouilles, les pelotons en marche, le défilé interminable des convois à la Kipling, avec les hommes en kaki fumant la pipe au dodelinement des cahots ; et parfois, dans les champs, les rangées de tombes où les héros inconnus dorment côte à côte sous la croix improvisée, fleurie du petit drapeau tricolore. Partout, une animation silencieuse et résolue.

Du fond de la vallée, montaient en longues spirales les fumées des pailles où brûlaient les chevaux morts, et plus haut, très haut, comme un épervier perdu dans le ciel, un aéroplane allemand planait, décrivant de grands cercles et surveillant la contrée.

Après avoir passé le pont provisoire, nous avons pris le chemin en zigzag qui conduit au haut de la falaise. Nos troupes l'ont, heureusement, conquise du premier bond : elle a senti à peine le pied de l'ennemi en fuite ; mais on dirait que, de l'avoir perdue si vite, il prétend se venger, car il canonne, il canonne, et ses obus viennent sans cesse érafler le rebord où le vieux village reste accroché parmi les ruines.

De là-bas, à dix ou douze kilomètres, la trombe monte avec un hurlement, elle traverse les airs en giclant, touche le sol et le creuse d'un choc sourd : un boum, un trou, quelques éclats et puis le silence plus profond : « Une marmite », disent les soldats, et ils tournent à peine la tête. Ils riraient plutôt de cette fureur canonnante. Un champ de betteraves a subi, pendant un après-midi, la vaine rafale. Répand-on cette semence pour que nous récoltions, contre eux, une moisson de fer ?

Dans un calme parfait, le soldat français garde cette ligne qui protège la France ; alternativement, ils vont faire la relève dans les tranchées ; une foule d'héroïsmes inconnus se développent là. On les ignore, ils s'ignorent eux-mêmes. Les braves gens : ils sont si sûrs de la victoire qu'ils n'ont plus de nerfs ; l'ordre qui les jettera sur les lignes canonnantes, ils savent qu'il viendra et ils l'attendent dans une parfaite tranquillité.

La population civile vit dans un calme plus douloureux, non moins ferme ; gîtée comme jadis ses ancêtres, aux cavernes de la falaise, elle en sort quand le jour tombe et que la canonnade cesse, pour aller aux provisions et arracher aux champs les dernières pommes de terre ; on se transmet le feu de foyer à foyer ; on se partage le pain que le boulanger continue à apporter deux fois par semaine dans sa tournée coutumière. Cette population souffre, mais elle sait pourquoi elle souffre et, elle aussi, pleine de confiance, elle attend.

A la nuit, le silence reconquiert la vallée, les feux sont éteints, la terre ramène son manteau de brume et tandis que le froid pique sur les tranchées, la vallée s'endort, songeant peut-être aux grands souvenirs passés que le présent continue et dépasse.

LIV. 24 octobre 1914. — La grandeur belge.

« Vous avez couvert d'honneur votre patrie infortunée; » c'est par ces paroles, d'un accent si profond, que le roi Albert remercie ses troupes, et il leur trace immédiatement leur devoir nouveau en une parole non moins belle et non moins ferme : « Il vous reste à délivrer votre patrie avec le concours des forces de vos nobles alliés. »

Les soldats belges ont répondu d'avance à l'appel de leur roi. Dans la bataille de l'Yser, qui est un des incidents les plus considérables des hostilités dans le Nord, c'est notamment aux forces belges que les nouvelles formations allemandes ont eu affaire. Un correspondant de journal anglais fait observer que la plus grande surprise de toute cette guerre a été, pour les Allemands, de trouver, en face d'eux, l'énergique résistance des Belges, quand ils pensaient n'avoir qu'à s'avancer sur Dunkerque et sur Calais. De même que les armées belges ont joué un rôle décisif en brisant le premier élan de l'offensive allemande à Liége, de même leur valeur a rendu un service sans prix aux armées alliées en arrêtant le mouvement tournant visant notre aile gauche. Quoi de plus beau que cette charge à la baïonnette aux cris de : « Louvain ! Termonde ! » qui brisa l'élan des Allemands dans Dixmude et reprit la ville un moment occupée !

On comprend la haine des Allemands contre les Belges : ils ont, au front et au cœur, la double blessure, celle de l'échec du plan d'invasion et celle de la honte morale de la neutralité violée. Voilà ce qu'ils ne pardonnent pas. Les atrocités allemandes en Belgique viennent de là. L'orgueil, doublement atteint, n'a pas trouvé de violences assez cruelles pour se venger.

La violation de la neutralité belge appartient à l'histoire. Le chancelier Bethmann-Holweg l'y a inscrite avec une flétrissure d'une naïveté définitive : « On fait ce qu'on peut. » Il paraît que cet aveu ne suffit pas. On y revient sans cesse ; on veut expliquer, justifier. Ah ! si l'on pouvait effacer cette tache de sang !

Il faut démontrer, à tout prix, que ce sont les Belges qui ont commencé. Et voici ce qu'on a trouvé maintenant : le gouvernement belge, la diplomatie belge, l'état-major belge avaient combiné, avec le gouvernement anglais, un plan de coopération des forces expéditionnaires britanniques et de l'armée belge contre l'Allemagne dans le cas d'une guerre franco-allemande, dès 1906. On prétend avoir trouvé, dans les archives secrètes de l'État belge, un ensemble de documents prouvant que cette entente était faite uniquement en cas d'agression éventuelle de l'Allemagne et qu'elle ne visait nullement une agression de la France, — ce qui prouverait, d'après la thèse allemande, que la Belgique était, dès lors, l'alliée de la Triple-Entente contre l'Allemagne.

Le gouvernement belge prend la peine de répondre,

et il répond par des arguments tout à fait topiques, empruntés aux circonstances et aux dates. Il prouve que la prétendue négociation ne fut en réalité qu'un simple échange de vues à l'occasion de certaines éventualités, comme il est de conversation courante en diplomatie. Il met le gouvernement allemand en demeure de publier les documents d'où sont extraites ces allégations mensongères ; il déclare solennellement « que *jamais* ni le roi, ni le gouvernement belges n'ont été invités, soit directement, soit indirectement, à se joindre à la Triple-Entente en cas de guerre franco-allemande. Par leurs paroles et par leurs actes, ils ont toujours montré une attitude si catégorique que toute supposition de les voir sortir de la plus stricte neutralité a été écartée *a priori* ».

Voilà qui est formel. On croira la parole des Belges, plutôt que celle des Allemands, en vertu du dicton : « Tout mauvais cas est niable. »

Mais, s'il était besoin d'un argument pour fortifier des affirmations si claires, n'en est-il pas un qui saute aux yeux : les Belges ont entretenu l'Angleterre, garante de leur neutralité, du péril que leur faisait courir l'Allemagne, et ils n'ont pas envisagé l'éventualité d'une attaque française ; pourquoi ? Parce qu'il était de notoriété publique, longtemps avant la guerre, que l'intention de l'Allemagne était de violer cette neutralité, tandis qu'il était également de notoriété publique que les intentions de la France étaient de porter à la fois la défensive et l'offensive, le cas échéant, sur la frontière de l'Est. C'est tout à fait simple, parce que c'est absolument vrai.

On l'a dit et répété cent fois, le projet de l'Allemagne était écrit sur la carte, il était inscrit dans la construction des voies ferrées dirigées vers la frontière belge ; il était confirmé par la constitution du camp de Malmédy ; il était proclamé par tous les plans de mobilisation, par tous les ouvrages consacrés aux questions stratégiques ; il était l'objet de la conversation courante des états-majors : c'était le *b a ba* de toute initiation aux questions militaires européennes. Si la Belgique ne l'eût pas su, si la Belgique n'eût pas voulu s'en apercevoir, c'est qu'elle eût été atteinte d'aveuglement volontaire. La Belgique et l'Angleterre, en s'entretenant du projet dont le monde entier était saisi, n'ont fait que voir la lumière du jour en plein midi.

La Belgique se défend d'avoir envisagé cette éventualité et l'Allemagne lui fait reproche de s'en être alarmée !... Mais qui donc était coupable sinon la puissance qui avait conçu un tel programme, l'avait hautement affiché et s'était résolue, d'avance, à ne voir, dans les traités, que des chiffons de papier !

Tu la troubles, répond cette bête cruelle.

Belges, battez-vous bien ; avec l'aide de vos amis et de vos alliés, reprenez votre bon et beau pays ; faites sentir à l'ennemi la force de votre bras, l'énergie de votre cœur ; et puis laissez dire ! Vous n'éteindrez jamais la haine que le remords excite chez vos barbares destructeurs. Vous avez, pour vous, le bon droit ; ayez, maintenant, la raison suprême, *ultima ratio*, selon la devise que leur empereur a prise, puisqu'ils prennent tout, à notre Louis XIV ; — et ainsi, ainsi seulement, vous aurez le dernier mot !

LV. **26 octobre 1914**. — Unis « jusqu'au bout ».

La polémique allemande dans les pays neutres a pris, depuis quelque temps, un caractère nouveau et qui concorde, d'une façon frappante, avec les confidences attribuées à une de leurs « hautes personnalités militaires », telles qu'elles ont été reproduites hier.
J'ai sous les yeux un journal publié en Amérique par les soins de la colonie allemande : *The Vital Issue*. Or, dans les articles et les dessins, d'ailleurs d'une grossièreté invraisemblable, la France est ménagée, tandis que l'Angleterre et la Russie sont l'objet de toutes les fureurs et de toutes les invectives. Séparer les puissances belligérantes, diviser pour régner, tel paraît être le plan conçu actuellement par les maîtres de la politique germanique, — en cela aussi adroits qu'ils l'étaient au début de la crise quand ils essayaient d'amener l'Angleterre à séparer sa cause de celle de la Belgique et de celle de la France.
Que la valeur du soldat français impose aux chefs allemands cette sorte de considération qui commence à percer jusque dans leurs communiqués, qu'ils en soient à chercher les moyens de se débarrasser de cet adversaire plutôt gênant, c'est possible. Nous retrouvons là un de ces raisonnements, une de ces opérations intellectuelles dont les cerveaux allemands sont coutumiers : Puisque cela peut nous profiter, cela doit être.

Quant à se demander si cette logique naïve s'impose également aux autres, c'est une extériorisation dont ils sont tout à fait incapables.

Ils n'ont pas encore compris et ils ne comprendront sans doute jamais — d'où leur incurable infériorité — que leurs adversaires et eux font la guerre pour des raisons qui ne sont pas du tout sur le même plan. Eux, veulent la puissance et le bien-être ; ils désirent étendre la domination impériale, multiplier leur race, accroître son aisance et son confortable. Leur objectif est tout de convoitise et de proie : *Germani ad prædam*.

Mais nous, les uns et les autres, Français, Russes Anglais, nous attendons de la guerre tout autre chose : nous voulons la victoire pour la dignité, l'indépendance et l'honneur. Ils disent, eux : « Nous ne respirons plus en Allemagne parce que notre population croissante y meurt de faim ; » et nous disons, nous : « Nous étouffons en Europe, parce que nous ne nous y sentons plus libres ! »

La Russie a-t-elle besoin de nouvelles provinces ou de populations plus nombreuses? Non. Ce qu'elle veut, c'est affranchir ses frères slaves : ce besoin est un besoin du cœur. L'Angleterre ambitionne-t-elle de plus grandes richesses? Non ; elle en regorge : mais elle entend que l'Europe ne soit pas asservie : son intervention armée vient d'une haute conception de l'esprit. La France entend-elle conquérir de nouvelles colonies, accroître son territoire ou faire profiter ses placements? Non ; sa part lui suffit. Ce qu'elle veut, c'est retrouver ses frères séparés et se développer harmonieusement dans un monde pacifié.

Prises sous ce biais, les trois causes sont inséparables parce que l'objet qu'elles se proposent est indivisible ; il se résume en ce terme : abolition de l'hégémonie allemande. Une telle œuvre ne s'accomplit pas par tiers ou par quart, mais d'ensemble et intégralement.

Ou l'Europe vaincra et la civilisation vaincra avec elle, ou l'avenir subira une ère d'asservissement comme il n'en a connu jamais.

C'est pourquoi il importe que les neutres, visés surtout par l'artificieuse propagande allemande, ne se laissent pas induire en erreur. Ces dispositions soudainement adoucies, ces propositions et ces polémiques qui affectent de distinguer entre l'une et l'autre des puissances belligérantes, ont une portée qu'il faut signaler : les bons apôtres, quand ils insinuent qu'ils seraient prêts à traiter avec telle ou telle des puissances alliées, dans des conditions « pleines d'honneur », entendent s'assurer le bénéfice des intentions conciliantes, tout en ne perdant pas de vue le projet d'une victoire absolue et définitive. Si on les mettait au pied du mur, ils seraient bien embarrassés pour s'expliquer.

En Amérique surtout, la polémique contre l'Angleterre est menée avec une passion extrême. Si l'on pouvait faire porter sur cette puissance toutes les responsabilités de la guerre actuelle, on aurait obtenu le résultat qu'on se propose : car elle est là-bas le principal adversaire ; ensuite on aurait raison de la France et de la Russie successivement.

Les trois puissances se sont engagées, les unes à l'égard des autres, à ne pas traiter séparément. Cet engagement, elles le tiendront — que ce soit dit et compris une fois pour toutes. On parle de conditions « non déshonorantes » : la plus déshonorante de toutes serait, pour l'un des combattants, l'abandon de ses alliés. La France souffre ; elle souffrira plus encore, s'il le faut ; mais elle aura raison de son adversaire, elle le réduira à l'impuissance ; elle matera son orgueil ; elle aura le dernier mot. De même les autres !

France, Angleterre, Russie, Belgique, nous luttons pour un idéal qui est notre honneur, l'honneur de l'humanité ; et c'est pourquoi nous resterons unis et nous irons, tous ensemble, « jusqu'au bout ».

LVI. 28 octobre 1914. — Les gens de France.

Les Canadiens vont entrer en ligne : parmi eux, il est beaucoup de Français, de ces gars normands, de ces enfants du Poitou, de la Saintonge, de la Gascogne, qui ont des noms français, qui parlent la langue de France, et qui, Anglais maintenant, sentent couler dans leurs veines le bon sang du vieux pays gaulois. L'un d'eux disait, il y a quelque temps, dans une réunion où l'on célébrait les origines toujours chères : « Nous aimons l'Angleterre, c'est notre patrie ; mais nous aimons aussi la France, c'est notre mère. »

Cette mère, ils viennent la défendre, à l'appel de leur patrie. Les deux affections n'en font qu'une. En luttant pour toutes deux, ils défendent un seul et même foyer.

Dans les rangs où ils vont prendre place, ils rencontreront les Belges, et ce sont encore des frères. Parmi ceux-ci, combien parlent le français ! Ils s'entendront, se comprendront, s'aimeront, les uns les autres, dans une communauté d'idéal qui remonte aux plus anciens souvenirs d'une civilisation puisée aux mêmes sources.

« Il y a donc de la France partout, » disait un des héros de Balzac : et partout, en effet, notre histoire a essaimé des souvenirs, des noblesses, des fiertés que rien n'efface. La langue française, la culture française créent entre ces filles dispersées un lien qui va prendre une force nouvelle au contact du sol ancestral.

Tout à l'heure, je voyais défiler, dans les rues de Paris, la triste procession des réfugiés belges. Que de douleurs sur les visages ; que de regards anxieux ; que d'interrogations angoissantes, de groupes à groupes, de familles à familles : « D'où venez-vous? Où allez-vous?... Comment ferez-vous?... » La plupart du temps, les questions restaient sans réponse. Ils ne savaient pas ; ils allaient devant eux, cherchant, dans le dédale de nos rues, le chemin de leur patrie.

Vaincus d'un jour, ne cherchez pas : suivez seulement des yeux le régiment qui passe. Il va vers la frontière, il va vers le devoir fraternel ; il va restaurer et rallumer votre foyer éteint.

Votre patrie, vous la retrouverez, Belges, comme ceux-ci qui, un siècle écoulé, viennent, de si loin, pour la défendre. Vous aussi, comme les Canadiens, comme les Alsaciens-Lorrains, comme les Polonais, — que la grande Alliée a délivrés, — vous avez une mère commune, la France, car elle a pour tradition d'appartenir à tous ceux qui, dans le monde, se sont tournés vers elle, au nom du droit et de la liberté.

LVII. 31 octobre 1914. — « A Calais, à tout prix ! »

Le 1er octobre, il y a juste un mois, l'ennemi avait, d'après le communiqué officiel, « prononcé une vigoureuse attaque à Tracy-le-Mont, au nord de la forêt de Laigle. » Or, le communiqué d'aujourd'hui, 31 octobre, définit ainsi la situation : « Les armées allemandes, après de formidables attaques, sont en retraite sur l'Yser ; les troupes françaises et britanniques progressent au nord d'Ypres ; les troupes britanniques ont repris largement le terrain perdu au nord de la Bassée ; sur le reste du front, nous avançons partout. »

Donc, le 1er octobre, le fort de la grande bataille était à 98 kilomètres de Paris. Actuellement, il s'est transporté à 250 kilomètres de la capitale.

Je n'insiste pas sur le colossal effort fait par les armées allemandes pour tourner les troupes alliées vers le nord, sur leurs pertes énormes, sur l'échec qu'elles subissent en ce moment. Ce que je veux faire observer, c'est que leur objectif est devenu tout autre dans ce court espace de quelques semaines. Il devient évident que les Allemands font ce qu'ils peuvent et non ce qu'ils veulent.

Si, au début du mois d'octobre, leurs troupes, massées devant Compiègne, attaquaient avec fureur la situation de Tracy-le-Mont dans la forêt de Laigle, ce n'était certainement pas pour aller à Calais ; et, puisqu'ils se donnent aujourd'hui Calais pour but, il est absurde d'avoir sacrifié tant de monde pour attaquer Tracy-le-Mont.

Personne ne connaît les plans de l'empereur Guillaume et du formidable conseil dont — tel Xerxès — il se fait accompagner dans ses déplacements ; mais on ne nous fera pas croire que ce conseil ait voulu, il y a quatre semaines, ce que les troupes allemandes essayent d'accomplir à l'heure présente. Évidemment, c'est sous la pression d'une volonté extérieure que les troupes allemandes se battent à Dixmude, alors qu'elles croyaient marcher sur Paris.

En un mot, l'état-major allemand ne manœuvre pas : il est manœuvré.

Il serait facile d'appliquer des observations de même nature aux événements stratégiques qui se passent en Pologne et en Prusse orientale. Il y a quelques semaines, les Allemands se portaient sur Varsovie : le grand état-major russe fit connaître, immédiatement, que cette offensive était conforme à son désir et que les armées allemandes seraient bientôt obligées de revenir sur leurs pas. Or, les prévisions russes se réalisent point par point, alors que les espérances des Allemands s'écroulent. La *Gazette de Westminster* observe, avec raison, « qu'il est étonnant qu'après leur expérience en France (c'est-à-dire la marche forcée sur la Marne), les Allemands aient répété la même stratégie en Pologne, et cela sans se douter de la résistance qui leur est opposée par des moyens identiques à ceux du général Joffre ».

De cet ensemble de remarques concordantes, faut-il

conclure que les généraux du kaiser, comme ses diplomates, prennent trop souvent leurs désirs pour des réalités? L'orgueil les affole. Ils se sont dit à eux-mêmes, ils ont dit à leurs peuples : « Cela sera ! »; et ils ne veulent pas admettre que cela ne soit pas.

Si la force des choses les arrête, ils se mettent à crier, de leur rauque gosier, que ce qu'ils sont obligés de faire, ils voulaient le faire.

Ainsi Londres est substitué comme objectif à Paris, et, demain, on démontrera que la défense de Cracovie était dans le plan, non l'attaque sur Varsovie. On trouve toujours des explications ; la meilleure des explications serait le fait.

Le fait, on a voulu l'obtenir sur l'Yser. Un succès, à tout prix! On a voulu passer quand même, sans se demander où cela mènerait et on s'est résolu à jeter des bataillons comme des projectiles pour obtenir la « décision » annoncée.

Cette conception d'achever une bataille de cinq cents kilomètres de front et de deux mois de temps dans un couloir où la manœuvre est resserrée entre les inondations et la mer est tellement inattendue qu'on hésite à la déclarer absurde. Et pourtant !...

Un officier allemand a dit, d'après le *Telegraaf* d'Amsterdam : « *Nous ne pouvons pas faire grand'chose ici ;* mais, que voulez-vous, il le faut ! » — Il le faut : Pourquoi?... « Il le faut, » parce qu'on l'a promis. Un objectif, un plan, un résultat à tout prix!

Et l'Angleterre devient soudainement le mortel ennemi !

Étant donné ce qui se passe en Pologne et en Prusse orientale, un homme de bon sens, résolu à frapper un coup décisif, dirait à ses troupes : « En avant, pour Varsovie, en avant pour Moscou ou pour Saint-Pétersbourg ! »

Étant donnée la vigueur de la défensive française, un chef, vraiment maître de lui, dirait à ses troupes : « Il faut vaincre ; Paris à tout prix ! »

Et le kaiser donne à ses troupes pour mot d'ordre : « Calais, à tout prix ! »

Le moins qu'on puisse dire de cette conception nouvelle, c'est qu'elle n'est pas conforme à celle qui faisait attaquer Tracy-le-Mont avec fureur, il y a un mois : Ici encore, on fait abstraction des réalités. Pourtant, il y a deux réalités, dont l'une s'appelle le Détroit et l'autre la flotte anglaise, qui, toutes deux, sont de nature à s'interposer entre les promesses du kaiser et leur réalisation...

Xerxès fera-t-il frapper de verges les flots de l'Hellespont qui oserait lui résister?

On annonce l'envoi de nouvelles forces ; on parle de douze corps d'armée destinés à s'acheminer vers le nord de la France et sur Verdun. Si de tels projets et de telles possibilités existent, la prudence commanderait le secret : on les annonce bruyamment. Qui veut-on frapper par ces préparations et ces révélations à grand orchestre?... Est-ce l'ennemi, est-ce l'opinion allemande?

L'avenir répondra, et nous ne prétendons nullement préjuger sa réponse.

Tout de même, il est permis de préférer la manière

du général Joffre, toute silencieuse et réservée, avare du sang des troupes, à celle du Picrochole qui s'empêtre dans ses promesses et sacrifie ses soldats pour faire croire à une opinion trompée qu'on ne la trompe pas !

CHAPITRE IV

LVIII. **2 novembre 1914.** — **Les familles.**

Nos soldats font leur devoir, chacun au poste que l'autorité militaire leur a assigné ; mais, dans la mobilisation générale de la nation, les familles font leur devoir aussi. Il consiste à aider, de leurs volontés ardentes, de leurs vœux, de leurs pensées constantes, les chers êtres qui combattent pour la patrie ; et, s'ils sont atteints, s'ils tombent, à garder leur souvenir dans un deuil fier et fort.

En ces premiers jours de novembre, toutes les familles de France se portent vers les cimetières ; en longues théories, elles se rapprochent des morts ; les rues sont noires, les foules silencieuses, mais les cœurs restent fermes ; sous les voiles, les yeux ne pleurent pas. Jamais l'âme de la nation n'a été forte comme dans ces heures de commémoration où tous sentent bien qu'il y a quelque chose qui importe plus que la vie, — la survie.

Les figures des disparus sont évoquées, leurs gestes familiers, leurs exemples et leurs conseils aux heures suprêmes : ils dorment, mais ils sont là. Qu'importent les corps ; l'âme demeure immortelle ; elle est présente telle qu'elle s'est exprimée en un dernier regard au moment où elle quittait cette terre pour aller ailleurs.

La religion donne, de ces transformations, l'explication dont les hommes ont besoin ; mais elle n'entreprend pas de supprimer le mystère. Aux heures des séparations, l'homme croit parce que la croyance en l'immortalité de l'âme et en un régime général du monde est, en quelque sorte, une conséquence logique de la mort. La mort ainsi que la vie n'auraient aucun sens si on ne sentait qu'elles se rattachent à un ordre qui les fait succéder l'une à l'autre comme des manifestations alternatives de la durée.

Les fils de la nation, en se sacrifiant pour elle, que font-ils? Leur sang coule pour confirmer cette foi en la pérennité d'une existence commune à laquelle ils ont pris part. Ils étaient de leurs petites familles, mais ils étaient aussi de leur grande famille ; l'une et les autres vont durer parce qu'en partant, ils les ont aimées, défendues, sauvées.

Les familles qui se rendent aux cimetières le savent : eurs morts sont vivants parmi elles, pour elles et par elles.

Ceux qui sont tombés jeunes vivront plus longtemps, puisque le souvenir qu'ils ont laissé est plus net et plus profondément gravé. On les voit et on les verra longtemps tels qu'ils étaient, dans le plein éclat de leur jeunesse, avec le visage rayonnant du départ, la joie de l'enrôlement, l'entrain. — Dignes de vivre, certes, mais aussi dignes de mourir, en soldats de France, la fleur aux lèvres, la joie au cœur.

Et puis, un soin pieux plus durable encore que celui des familles veille sur eux. A l'entrée de nos cimetières, près d'un modeste tumulus, un écriteau porte : *Aux soldats morts pour la Patrie.* Quelques drapeaux, des fleurs, et c'est tout.

Mais l'image de la patrie est penchée sur cette tombe anonyme que la foule salue. C'est la communion de ceux qui furent avec ceux qui sont et seront. Il faut montrer ce tas de terre et lire cet écriteau aux petits enfants pour qu'ils portent très loin la mémoire de ces journées où le passé se rattache d'une façon si frappante à l'avenir et le deuil à l'espérance.

Les familles de France sentent tout cela, avec un tact et dans une émotion si tendre et si délicate, qu'on ose à peine essayer de l'exprimer. Celles qui n'ont pas été frappées accompagnent le deuil de celles qui souffrent. Toutes, à l'unisson, d'un même sentiment, acceptent l'inévitable, convaincues que le sacrifice à la patrie est un sacrifice à l'immortalité, et que, par l'individu mort, la race se maintient ; toutes ont les yeux fixés sur la grande image de celle qui pleura aussi, mais qui, justement parce que ses enfants sont morts, ne meurt pas : la France.

LIX. **4 novembre 1914. — La fin de la Turquie.**

Les ambassadeurs des puissances alliées en Turquie ont demandé leurs passeports et quitté Constantinople. Une émotion indicible s'est répandue sur toutes les terres où le crépuscule de l'Empire attardait ses dernières ombres. Partout les « colonies » inquiètes se groupent autour de leurs églises, de leurs écoles, de leurs consuls. On se prépare aux grands événements qui doivent accompagner la catastrophe, attendue depuis si longtemps.

La guerre actuelle n'est rien autre chose, en ses débuts, que la crise de règlement de la question d'Orient : elle est née du récent conflit balkanique. L'annexion de la Bosnie et Herzégovine, la création d'une Albanie conventionnelle ont dévoilé les ambitions austro-hongroise et germanique en Orient, ainsi que la volonté arrêtée des gouvernements impériaux d'écraser les populations slaves. Un pacte déclaré liait, à la Turquie, les deux politiques allemandes ; elles sauvèrent Constantinople après Tchatalscha. Et, depuis lors, les complications se sont enchevêtrées jusqu'à l'attentat de Serajevo. Une intrigue sournoise conduisait l'Europe à la guerre. Par l'intervention de la Turquie, le drame retourne vers ses origines.

Il était naturel aussi que les puissances de domination, en Europe, ralliassent à leur cause celle qui fut par excellence la puissance de tyrannie, la Turquie.

La Turquie ! que veut dire ce nom, si ce n'est oppression et servitude? Les guerres balkaniques ont été, de tout temps, des guerres d'indépendance. En dépit de la conquête et d'une oppression séculaire, des nationalités, conscientes d'elles-mêmes et de leurs destinées, voulaient vivre libres. Grèce, Roumanie, Serbie, Bulgarie, elles ont successivement secoué le joug. Or, que font, actuellement, les puissances alliées, sinon travailler à la délivrance d'autres populations opprimées : Alsaciens-Lorrains, Polonais, Serbes de Bosnie et d'Herzégovine. C'est le grand débat qui continue ; chacun des partenaires est à sa place.

En Orient, la Russie fut, depuis des siècles, la puissance libératrice. Quelles que soient les complexités actuelles, l'Empire des Turcs reste fidèle à lui-même, tandis que la libération des Slaves fut toujours odieuse à l'Autriche et à l'Allemagne. Elles les ont combattus séculairement. L'alliance de la Turquie avec les États du Centre est donc dans la logique des choses.

Mais, si nous sommes en présence de l'intervention armée de la Turquie, il s'agit de savoir quelle sera la portée de celle-ci et son efficacité.

La Turquie peut disposer, assure-t-on, de 400 000 ou 500 000 hommes plus ou moins bien armés et équipés : si l'on trouve assez d'officiers allemands et autrichiens disponibles pour encadrer ces troupes, elles tenteront, sans doute, sur le Caucase une diversion dont la Russie aura à se préoccuper. Ne parlons pas des forces navales ; elles sont nulles. On peut admettre, aussi, qu'une armée turque préparée d'avance, assure-t-on, peut essayer de menacer le canal de Suez et l'Égypte.

Mais, par contre, quel immense champ d'action les rivages de l'Europe et de l'Asie vont présenter aux attaques des flottes française et anglaise combinées ! Quelle occasion incomparable s'offre aux nationalités arabe, syrienne, libanaise de rompre avec la souche pourrie dont elles étaient déjà à demi détachées ! La Turquie offre une proie facile à tous ses ennemis séculaires : on dirait qu'en se soulevant, elle a voulu offrir à l'Europe l'appoint nécessaire pour les règlements définitifs.

Qui sait, cette complication tardive sera peut-être

une simplification finale ; les dernières hésitations vont être mises en demeure de se prononcer. Ne pressons rien, laissons faire. Chacun consulte son intérêt ; cela, en effet, mérite réflexion.

Pour le moment, la Grèce ne peut trouver de lieu de rencontre avec la Turquie que sur la mer. Elle ne perdra pas de vue, cependant, les riches colonies helènes répandues sur tous les rivages ottomans. La Bulgarie fait connaître sa volonté de rester neutre et de refuser un passage aux armées turques. L'Albanie d'Essad pacha se met d'accord avec l'Italie pour régler, simultanément, la question de l'Épire et la question de Vallona.

Si la Roumanie et l'Italie se tiennent sur l'expectative, des faits nouveaux les solliciteront, un jour ou l'autre. En tout cas, leur neutralité est une grande force antiturque et par conséquent antigermanique. Toute menace sérieuse contre l'équilibre de la mer Noire et contre l'équilibre méditerranéen les trouverait résolues à s'y opposer.

N'engager personne, ne compromettre personne, telle doit être, dans ces conjonctures, la politique des puissances alliées. Elles sont assez fortes pour faire leurs affaires elles-mêmes, avec le sentiment tranquille d'avoir, désormais, dans les perspectives d'un partage définitif de la Turquie, de quoi satisfaire aux plus vastes ambitions.

On a pu tabler, en Allemagne, sur une intervention possible de l'élément religieux musulman sous la pression du cheik-ul-islam et de la propagande panislamique venue de Constantinople. Sir Edward Grey a fait justice de ces calculs et il a démontré sans peine que « les intrigues allemandes ne peuvent avoir aucune influence sur le loyalisme envers la Grande-Bretagne des 70 millions de mahométans de l'Inde et sur les sentiments des musulmans de l'Égypte. »

Nous pouvons en dire au moins autant des habitants musulmans de nos colonies d'Afrique. En Algérie, en Tunisie, au Maroc, au Sénégal, les essais de propagande turque, cent fois tentés, ont toujours été absolument inefficaces. Le sultan de Constantinople n'a aucune autorité, ni civile, ni religieuse, sur nos indigènes. Et ce n'est pas au moment où l'élite de ces populations combat dans les armées françaises que le moindre doute peut naître à ce sujet.

Nos Musulmans d'Afrique, désormais, sont des Français : ils ont gagné leurs grandes lettres de naturalisation par leur dévouement à la patrie commune. Ce sont des frères d'armes et de travail. Ils ont pu connaître et apprécier la France ; ils savent qu'elle a le cœur généreux et reconnaissant.

Associés à notre vie nationale, ils voient s'ouvrir devant eux de nouvelles destinées, au moment où l'Orient musulman s'écroule et où la Turquie se frappe, elle-même, du coup qui va l'achever.

LX. 5 novembre 1914. — Manœuvre déjouée.

Avant de partir pour le front, l'empereur Nicolas a voulu donner à son peuple et à l'opinion universelle une nouvelle confirmation de la volonté résolue des puissances alliées « d'aller jusqu'au bout ». Répondant à un télégramme de l'Association des commerçants de Moscou, le tsar a déclaré *qu'il est complètement d'accord avec les habitants de Moscou et que la crainte d'une paix conclue avant l'écrasement complet de l'ennemi n'est pas fondée.*

Rédigée en des termes qui ont été soigneusement pesés, cette communication est d'une importance particulière. Elle indique, en effet, qu'une certaine « crainte » de voir les puissances traiter « avant l'écrasement complet de l'ennemi » s'était répandue en Russie. A tel point que les commerçants — gens d'ordinaire pacifiques — s'en étaient émus, à Moscou, et qu'ils avaient cru devoir en faire l'objet d'un télégramme spécial adressé à l'empereur. D'où venait cette « crainte » ? Qui avait répandu ces bruits ?

De nouvelles venues de Londres, il résulte que des rumeurs analogues avaient filtré en Angleterre ; elles y ont motivé certaines inquiétudes pareilles à celles qui ont été exprimées par les commerçants de Moscou dans leur télégramme au tsar. Et, à Paris même, on a pu recueillir certaines insinuations semblables. Donc, coïncidence et concordance dans les trois villes. Que conclure, sinon que les bruits ont une même origine, émanant d'une même volonté. Et comment ne pas appliquer le dicton : *Is fecit cui prodest?*

Les agences occultes allemandes travaillent partout, et elles ont toujours pour objectif soit d'affaiblir le ressort de l'opinion en lui présentant des alternatives mensongères optimistes ou pessimistes, soit de jeter le soupçon et la méfiance entre les puissances alliées : diviser pour régner.

Les commerçants de Moscou ont provoqué sagement, par leur télégramme, la réponse si nette de l'Empereur : « La crainte d'une paix conclue avant l'écrasement complet de l'ennemi n'est pas fondée. »

Prenons acte, et ajoutons :

Ce qui est vrai à Moscou est vrai à Paris, vrai à Londres. Les opinions et les peuples sont entièrement d'accord avec les gouvernements. L'Allemagne commence à chercher quelque fissure qui pourrait devenir pour elle une issue ; elle n'en trouvera pas. Puisqu'il faut le répéter, répétons-le jusqu'à satiété : *Tous unis jusqu'au bout.*

LXI. 7 novembre 1914. — L'Europe libre.

Le nouveau ministre de Bulgarie en Russie, M. Madjerof, qui occupait antérieurement le poste de Londres, vient d'accorder, aux journalistes de Petrograd, un entretien de la plus réelle importance. Portant son attention sur les rapports existant entre la Bulgarie et la Russie, il a constaté, en toute franchise, « qu'une atmosphère pénible s'était formée, dans ces derniers temps, entre les deux pays ». Mais il a fait remarquer aussitôt « que les sentiments du peuple bulgare envers la Russie n'ont point changé ; que les grandes masses gardent une profonde gratitude envers leur libératrice ». Précisant encore, il a dit qu'en Bulgarie, « certains hommes politiques isolés peuvent chercher d'autres voies que le rapprochement avec la Russie, mais que le peuple a cette idée bien ferme que la Russie est la seule protectrice de la Bulgarie ». Il dément, de la façon la plus formelle, qu'il existe un accord avec la Turquie pour le passage des troupes ottomanes à travers la Thrace, et, tout en maintenant la volonté de la Bulgarie de rester neutre, il déclare, en terminant, que, « quelles que soient les tendances politiques des hommes du gouvernement, tous comprennent que, pour la Bulgarie, il n'y a qu'une voie de salut, la Russie ».

Ces déclarations dont le gouvernement qui vient de désigner M. Madjerof pour le poste si important de Petrograd ne doit avoir ignoré ni l'esprit ni, sans doute, les termes, redressent, si j'ose dire, une situation trop longtemps faussée dans l'Orient européen.

Le « malentendu » que déplore le ministre bulgare s'est produit — il est superflu de le rappeler — à la suite des derniers événements de la crise balkanique. A l'instigation des puissances germaniques, l'Europe crut devoir sauver les débris de la Turquie européenne, au moment où l'armée bulgare avait, ou peu s'en faut, anéanti l'armée turque ; elle s'appliqua à une œuvre de salut *in extremis* dont on aperçoit maintenant les tristes conséquences ; nous avons stipendié, à coups d'emprunts, ce gouvernement « Union et Progrès », dont il nous est loisible d'apprécier les véritables sentiments.

Cette erreur a été l'origine de bien des maux et, notamment, de la guerre fratricide qui a jeté, les unes contre les autres, les puissances balkaniques, et qui, en les affaiblissant, séparément et simultanément, les a laissées en proie à la menace ou à l'intrigue des grands empires voisins. La Serbie isolée eût péri si la Russie ne fût venue à son aide pour sauver, une fois de plus, l'indépendance des Slaves dans les Balkans.

On sait comment les faits s'enchaînèrent et, s'il est utile de les rappeler aujourd'hui, c'est qu'un événement d'une importance capitale, l'agression audacieuse de la Turquie contre la Russie, tend à dissiper les obscurités et à remettre les choses à leur place.

*
* *

Les puissances alliées ont entrepris, en Europe, une guerre générale de libération. Qu'il s'agisse des Alsaciens-Lorrains, des Polonais, des Belges, l'objectif est partout le même : rendre aux nationalités opprimées ou menacées leur indépendance et la pleine possession d'elles-mêmes.

Comment les peuples des Balkans se désintéresseraient-ils d'un mouvement qui ne fait qu'achever celui par lequel ils ont été affranchis eux-mêmes?

Ils pouvaient hésiter, jusqu'ici. Mais, puisque la Turquie est d'un côté et la Russie de l'autre, comment les malentendus provoqués par l'intrigue allemande les arrêteraient-ils plus longtemps? Leurs intérêts confirment leurs sentiments. La crise actuelle réalise leurs aspirations séculaires. Les pères sont morts pour que les fils voient cette heure : la liquidation de l'Empire ottoman. Et ils se contenteraient d'y assister, sans y prendre part?

Albert Sorel disait que, le lendemain du jour où la Turquie serait partagée, commencerait le partage de l'Autriche-Hongrie. Or, les choses iront encore plus vite que l'éminent historien ne l'avait prévu : les deux écroulements seront simultanés. Une nouvelle grande victoire russe en Galicie hâte le jour où la liquidation austro-hongroise s'ouvrira, tandis que la liquidation turque est d'ores et déjà ouverte.

Pour mener à bonne fin le règlement de ces grandes affaires, l'Europe n'a qu'à faire confiance aux peuples des Balkans. Un proverbe dit : « On ne tue réellement que ceux qu'on remplace. » Au moment où le coup suprême va être asséné aux deux empires attardés à l'orient de l'Europe, des héritiers sont tout prêts ; et ce sont les nationalités qui attendaient, depuis si longtemps, leur jour, parmi les ruines.

Dans les Balkans et sur le Danube, il y aura bientôt place pour tout le monde. La politique européenne va pouvoir se fonder sur des bases à la fois très solides et très larges, puisque les trois puissances de servitude se sont liées l'une à l'autre pour périr ensemble.

On faisait observer hier que les perspectives ouvertes par la destruction prochaine de l'Empire ottoman ne devaient en rien détourner les puissances de la Triple-Entente de la nécessité absolue d'en finir avec l'hégémonie et la puissance allemandes. Assurément ! Mais n'est-ce pas le coup le plus sensible pour cette hégémonie que de voir disparaître les deux complices enchaînés à sa fortune? Si on agrandit, si on fortifie toutes les nationalités que le monde germanique écrase, si on ramène celui-ci à ses véritables proportions, si de toutes parts on l'entoure de puissances nouvelles, jeunes, résolues à le maintenir dans les justes limites où il ne sera plus un danger pour l'univers, si on débarrasse l'Europe de ce cauchemar de cet empire romain-prussien-austro-hongrois rêvé par le mégalomane couronné, alors la guerre actuelle et les immenses sacrifices qu'elle entraîne auront un sens, une portée, une sanction.

Turquie, Autriche, Allemagne, toutes trois subiront ensemble les mêmes destinées ; la fatalité les pousse où leur volonté les porte.

Comme dans la légende d'Aristée, un essaim de peuples libres naîtra de la dépouille des colosses qui opprimaient, de leur poids, la terre.

LXII. **9 novembre 1914.** — **Heurtebise et Vailly.**

La ferme qui porte le nom magnifique d'Heurtebise est décidément vouée à la désolation et à la gloire. En 1814, elle assistait à la dernière grande victoire remportée par Napoléon ; l'empereur y déjeuna, dit-on, le jour de la bataille.

Son nom l'indique, elle est exposée à tous les vents ; elle est assise dans un pli de terrain que fait le plateau de Craonne, quand il se creuse pour unir la vallée Foulon tournée vers l'Aisne à la vallée de l'Ailette qui ouvre le chemin de Laon.

Les ruines puissantes de l'abbaye de Vauclerc, bâtie par saint Bernard, détruite par la Révolution, sont à ses pieds. En face, sur une autre extrémité du promontoire, se voyait encore, il y a quelques mois, une vieille ferme mérovingienne, citée dans un récit d'Eginhard, contemporain de Charlemagne ; elle s'appelle La Tour ; un colombier, une « tour » aux fondations antiques, la signale à toute la vallée.

La route des Dames longe les champs de la ferme ; et, au point culminant, un vieil orme, un « Sully », surveille le plateau. On dit que l'empereur, quittant le moulin de Craonne, à l'heure où les armées ennemies battaient en retraite, s'avança jusqu'à « l'arbre de Paissy ». La route des Dames conduit de Vauclerc à Laon : comme les très vieux chemins, elle suit les crêtes.

Mais, en prenant la déclive du coteau, on gagne la vallée de l'Aisne par le chemin que suivit Jeanne d'Arc et qui s'appelle encore « le chemin des Romains ». Un dolmen érige son énigme séculaire sur la terrasse naturelle d'où on aperçoit Soupir et, au loin, Vailly. Quand Jeanne d'Arc prit cette route, elle allait à Vailly avec Charles VII pour recevoir les clefs de la ville de Laon.

On se battait hier à Vailly. Vauclerc et Vailly sont les deux seuils du massif laonnois. La vallée de l'Ailette le contourne, et, par Anisy, mène à Laon, d'une part, et, d'autre part, à Coucy-le-Château.

Tous ces grands noms sont en des rapports historiques constants. Coucy-le-Château occupe un des sommets du redoutable massif. Le château énorme appartenait aux Condés, qui, par un réseau de donjons et de fortins reliés par des souterrains, avaient combiné son action avec celle de l'autre forteresse,

La Ferté-Milon. Ce sont toujours les mêmes lieux et ce sont toujours les mêmes enceintes. On se battait dans les cavernes — dans les « creuttes », comme ils disent dans le pays, — il y a des siècles.

Des carrières immenses creusent la colline de Bourg-et-Comin, où se réfugia Q. Titurius Sabinus, lieutenant de César, quand il défendait la Gaule contre l'invasion des hommes du Nord ; on y retrouva, il y a quelques années, toute une ville souterraine, avec une profusion de silex, de poteries et d'armes gauloises. Et voilà que ces carrières servent, aujourd'hui, les unes à la défense de l'ennemi, les autres au refuge des malheureuses populations bombardées : les tranchées reprises hier sont sur les vestiges de ces vieilles circonvallations... C'est toujours la même bataille !

La Tour est rasée, Heurtebise est détruite ; Vailly est en ruines ; l'église qui vit Jeanne d'Arc s'est effondrée...

Mais il me semble que, ces derniers jours, j'ai aperçu, dans la brume rayée par le fouet des obus stridents, le squelette décharné de « l'arbre de Paissy ». Peut-être que le nouveau vainqueur de l'éternelle bataille de Craonne viendra s'appuyer à son tronc pour surveiller la retraite des hordes ennemies fuyant vers le nord !

LXIII. 11 novembre 1914.
Le secours aux provinces envahies.

Il devient de plus en plus évident que l'Allemagne a résolu de ruiner la Belgique et la France du Nord pour donner une sanction économique à la guerre.

Double bénéfice pour elle : d'abord, ajouter à ses propres ressources tout ce qu'elle pourra arracher aux contrées envahies ; ensuite, et surtout, empêcher, de longtemps, leur relèvement.

Dans un entretien émanant d'une haute personnalité bavaroise et publié, ces jours-ci, par le *Times*, le programme est exprimé en cette formule atroce : faire, de ces régions prospères, un désert et pour longtemps !

Puisque le projet existe et qu'il fait, pour ainsi dire, partie du plan de l'état-major allemand, il importe de lui opposer un plan inverse : ces malheureuses régions doivent être soutenues par une action constante et vigilante de la solidarité nationale. Quatre-vingts départements français ont échappé aux horreurs de l'invasion : il leur appartient de venir en aide à ceux qui en ont supporté et en supportent encore les rigueurs.

Les efforts à faire doivent porter sur deux points : d'une part, assurer autant qu'il est possible, les conditions d'existence des nombreux « réfugiés » qui ont dû s'arracher à leurs foyers ; d'autre part, pousser des pointes hardies dans les régions où il est possible d'accéder, et leur rendre, sans retard, les moyens de vivre et de reprendre une certaine activité.

Des comités départementaux se fondent, à Paris, avec ce double objectif. Ils sont les centres naturels où doivent converger les bonnes volontés désireuses de leur venir en aide.

Les « réfugiés » savent, désormais, à quelle porte ils peuvent frapper, assurés qu'ils sont d'être entendus.

Les membres des deux Chambres, représentant ces diverses régions, se sont groupés sous la présidence de M. Léon Bourgeois ; le gouvernement et les administrations locales leur prêtent le concours le plus actif et le plus efficace.

Parmi les mesures prises déjà, l'une des plus importantes est celle qui assimile, au point de vue des secours accordés par l'État, les familles des réfugiés aux femmes et enfants des mobilisés ! Les allocations de 1 fr. 25 par chef de famille et de 0 fr. 50 par enfant sont attribuées à ceux qui se présenteront dans les municipalités, munis de titres établissant leur situation de réfugiés dans le besoin.

Pour le secours aux populations restées sur le territoire des régions envahies, la tâche est plus complexe. Il faut, d'abord, parer au plus pressé, distribuer des secours urgents et assurer le ravitaillement ; puis encourager le rapatriement et la reprise du travail, dès que les opérations militaires le permettront.

Le Comité du Secours national a, depuis le début d'octobre, porté son principal effort sur ces difficiles problèmes : par l'intermédiaire des municipalités et des administrations, des sommes importantes ont été distribuées ; mais, au fur et à mesure que de nouveaux territoires sont libérés, les besoins s'accroissent, et ils s'accroîtront jusqu'à l'infini quand il s'agira des nombreuses populations ouvrières du nord de la France et de la Belgique.

Il faut de l'argent, il en faudra énormément. Le Comité du Secours national adresse, par voies d'affiches, un appel à la générosité de tous, au dedans et au dehors.

L'Amérique a pris les devants : les souscriptions affluent, les envois en nature : farines, semences, pommes de terre, légumes secs, vêtements, lainages, souliers, sont en partance de New-York : déjà les premiers arrivages sont signalés au Havre.

A Paris et dans les départements non envahis, des sommes importantes sont souscrites. Les conseils généraux, les municipalités, les particuliers s'émeuvent et multiplient les envois en argent et en nature.

Sur les lieux, le commerce s'est ingénié à trouver des solutions permettant les ravitaillements urgents ; il faut voir à l'œuvre ce puissant ressort de l'initiative privée pour apprécier ce qu'il peut faire. Sous les obus, au milieu de la bataille, à cent mètres de la tranchée, la petite épicerie reste ouverte, le boulanger conduit sa voiture et distribue le pain, le représentant de commerce se glisse, note la commande et — miracle ! — trouve le moyen de la fournir à temps.

Mais combien d'autres nécessités apparaissent dès que l'on regarde les choses de près : obvier aux difficultés du transport, empêcher l'accaparement, garantir les paiements, découvrir les produits devenus rares, concentrer les marchandises, en suivre les convois jusqu'au point d'arrivée...

Tous s'emploient, tous travaillent, d'un même cœur. Généraux, intendants, préfets, compagnies de chemins de fer, charbonnages, syndicats, commissionnaires, que sais-je ? Le mot d'ordre est partout le même : travailler au salut de ces belles provinces françaises qui souffrent pour la France entière et qui la protègent de leur corps.

Le plan économique de l'ennemi sera déjoué, comme l'est son plan stratégique : les provinces frontières sont les filles préférées de la mère patrie : elle ne les laissera pas mourir !

LXIV. 14 novembre 1914.
L'Allemagne rétablit l'esclavage.

D'une enquête très attentive que je viens de faire dans les régions envahies il est résulté, pour moi, une conviction que je désirerais soumettre aux personnes impartiales et aux neutres, c'est à savoir que les Allemands sont en train de rétablir, consciemment, l'esclavage.

Un mot nous a trompés jusqu'ici, tant nous étions loin de croire qu'une pareille horreur fût possible en notre temps, c'est le mot : « prisonnier civil ». Le « prisonnier de guerre » est un soldat, c'est un homme *armé* qui se rend, *qui met bas les armes*. Cette situation est parfaitement déterminée par les lois de la guerre, depuis qu'il y a des hommes et qui se battent. Mais, du consentement universel, il n'y a aucune confusion possible entre des soldats encadrés, portant l'uniforme, et la population inoffensive des non-belligérants : la dénomination « prisonniers de guerre » ne peut s'appliquer aux êtres humains qui la composent. S'ils sont pris par l'ennemi, arrachés à leurs foyers, traînés dans le pays étranger et soumis à la loi du plus fort, ils sont des *captifs;* il n'y a pas d'autre expression pour les qualifier.

Le chef de tribu sauvage qui, au centre de l'Afrique, enlevait ainsi, il y a quelques années à peine, des vieillards, des femmes, des enfants, était considéré comme un objet d'horreur pour l'humanité. Une génération qui précéda de peu la nôtre, a versé des torrents de larmes aux récits de *la Case de l'oncle Tom!* Enfants arrachés à leurs mères, femmes séparées de leurs maris, parents massacrés sous les yeux des leurs, jeunes filles enlevées, villages dévastés, tribus anéanties : le siècle dix-neuf se vantait d'avoir effacé ces maux de la surface de la terre.

Or, ils renaissent tous sous nos yeux ; une volonté, une méthode implacable en font un système, et parce qu'on a eu l'adresse d'employer ce vocable : « prisonniers civils », personne ne s'en émeut.

Ayons le courage d'appeler les choses par leur nom : les Allemands rétablissent l'esclavage. Qu'ils en portent devant l'avenir la terrible responsabilité !

Le professeur Debove, doyen de la Faculté de médecine, homme de notoriété et de respectabilité universelles, a lu, à l'Académie de médecine, une lettre d'un de ses amis, médecin belge, qui lui donne en ces termes des nouvelles de ses beaux parents :

« Ils étaient à Louvain lors du sac ; les Allemands les ont séparés ; mon beau-père, *qui a soixante-cinq ans*, a été envoyé, lui, civil, à Cologne, comme prisonnier de guerre. On lui a d'abord fait faire à pied, sans manger, pendant trente-six heures, le tour de Louvain ; puis on l'a entassé, avec trente-neuf autres notables, dans un wagon à bestiaux. Au bout de quatre jours d'internement dans le wagon, il est arrivé à Cologne ;

trois d'entre eux étaient devenus fous... ils ont été envoyés au front des troupes allemandes, pour combattre contre les Belges... — Quant à ma belle-mère, *qui a aussi soixante-cinq ans,* les Allemands l'ont fait errer dans la campagne pendant quatre jours. A chaque passage de troupes, *elle devait s'agenouiller, lever les bras...* Je ne raconte que la moitié de leurs souffrances ; car le tout fut accompagné de coups de crosse, de menaces de mort, etc. »

Les Allemands disent, pour excuser les atrocités de Louvain : la ville s'était défendue. Je ne vois pas quel rapport le martyre d'une femme âgée peut avoir avec des coups de fusil attribués à des civils, au milieu d'une bataille acharnée.

D'ailleurs, le rapt des captifs dans des bourgs, des villages, des maisons isolées où ne s'est produit aucun fait militaire, est de règle, non seulement en Belgique, mais en France. Voici des faits sur lesquels je pourrais mettre des précisions, si je ne craignais de compromettre les malheureuses victimes, actuellement soumises à la volonté du vainqueur.

Un père de famille vit tranquillement, dans sa ferme isolée, avec sa femme et ses huit enfants. Il se nomme L.... Un parti d'Allemands passe sur la route, entre, se fait servir à boire, et, soudain, se jette sur lui et l'emmène. Il vient d'écrire à un de ses amis, demandant ce que sont devenus sa femme et ses enfants. Il raconte sa lamentable odyssée : c'est à pleurer !

Au bord d'un canal qui sépare les deux armées, une maison rustique se mire dans les eaux : une famille y vit. Le père, simple ouvrier, se rend le matin à son travail et rentre le soir. Une nuit, quelques soldats allemands se jettent dans une barque, traversent le canal, font irruption dans la maison, enlèvent le père et un enfant ; on ne sait ce qu'ils sont devenus... Je dis que c'est exactement la reproduction des faits qui ont attendri le grand Livingstone et mis la main à la plume de mistress Beecher-Stowe.

Il n'y a pas de jour où les journaux ne publient des listes de captifs vivant en troupeaux sous le fouet ou le fusil allemands. On les compte par milliers.

Pour quels motifs sont-ils détenus? Personne ne le sait, personne n'oserait le demander. Il n'y a plus de droit ! Ou plutôt, le droit c'est l'arbitraire, la cruauté de ceux qui les ont emmenés. Hier encore, dans le département de Meurthe-et-Moselle, rien que pour un seul petit village, on mentionnait quarante-six captifs. Je ne parle pas des trente fusillés d'Hériménil, des quarante de Gerbeviller, etc. Massacres et enlèvements, c'est la guerre barbare dans toute son horreur. Il n'y a plus de droit ! Il n'y a plus de règles entre les peuples civilisés !

Et que font donc les sociétés antiesclavagistes? Ont-elles renoncé à leur œuvre, à leurs principes, à leur pitié, parce que les victimes, aujourd'hui, sont des blancs?

On dit que Bethmann-Holweg a perdu quelque peu de son autorité et qu'une vive campagne est menée, en Allemagne même, contre lui. Quel reproche lui fait-on? Les pangermanistes se plaignent qu'il ait trop *ménagé* la Belgique ! Que leur faut-il, bon Dieu !

L'Allemagne est en proie à un véritable délire ; elle

sent sa cause perdue devant le monde, devant l'histoire. Elle insiste, elle tue, elle assomme ! Mais elle a beau faire, le remords la ronge ; le spectre de ses victimes troublera éternellement son orgueil ; elle est jugée par les autres et par elle-même. Ce n'est pas dans le sang qu'elle lavera ses mains ensanglantées.

LXV. **16 novembre 1914.** — ... **Ames de démons.**

Le discours prononcé par Lloyd George au City Temple a une portée tout autre que celle d'une harangue de ministre quelconque. Dans cette circonstance, ce n'était pas l'homme d'État considérable qui prenait position, mais bien un des chefs les plus respectés, une des voix les plus autorisées du non-conformisme, c'est-à-dire un des représentants les plus considérables de la pensée protestante dans ce qu'elle a de plus austère et de plus rigoureux envers elle-même et envers les autres. Or, jamais l'éloquence de Lloyd George n'a eu plus d'accent, d'émotion, de décision tranchante et absolue. C'est une sorte de malédiction prononcée, dans le langage et selon l'esprit des livres saints, contre l'auteur responsable de la guerre.

Le ministre parlait devant un auditoire composé de tous les représentants des Églises libres. On l'avait convoqué ; on attendait son jugement comme un verdict. Il appartient, en effet, au groupe des baptistes campbellistes, c'est-à-dire à l'une des Églises à la fois les plus austères et les plus démocratiques ; il a été élevé sur les genoux d'un oncle pasteur d'une de ces Églises. La tradition qu'il a reçue est fortement biblique. On se souvient du discours où, à propos de la nouvelle loi scolaire, il revendiqua, en mai 1906, des maîtres à la fois religieux et indépendants, pour les écoles : « Notre peuple a pris sa décision, choisi son attitude ; il s'est rallié autour de la Bible. Il désire ardemment qu'elle soit placée entre les mains de ses enfants..., car c'est le Grand Livre qui a sauvé l'Angleterre de l'obscurité et qui continuera encore à éclairer les ténèbres douloureuses qui pèsent sur la vie humaine bien après que la dernière secte aura disparu de cette terre. »

En outre, Lloyd George est un pacifiste : « Le jour viendra où la nation qui tire son épée contre une autre sera mise au banc des filous comme un frère qui frappe son frère dans un mouvement de colère... »

Et cet homme, dans le même langage violent, imagé, haché et scandé précisément comme des versets de l'Écriture sainte, élève la voix et dénonce les auteurs de la guerre actuelle ; il les dénonce au monde protestant tout entier :

« Oh! c'est une terrible guerre ; c'est une horrible guerre! En tout, elle est horrible! Il m'a été donné de me rencontrer avec un des généraux de l'armée française, un homme de haute expérience qui sait ce qu'est la guerre, et qui après avoir vu le carnage, l'horreur de celle-ci, m'a dit : « Vraiment, les hommes responsables de ceci ont une âme de démon! » Et ce cri partait du cœur d'un grand chef, prudent et sage, qui se bat depuis trois mois et qui affirme : « Les hommes responsables de ceci! »...

Tout le discours, j'allais dire le sermon, est ainsi coupé, sillonné d'images fulgurantes : « Longtemps le vautour a plané sur la Belgique, et puis il s'est abattu sur sa proie... » Et enfin, le magnifique morceau qui fit passer un frisson sur l'auditoire : « Parfois, quand je lis les communiqués, je me sens perplexe : je vois des avances ici, des retraites là, des victoires sur un point, des échecs sur un autre ; mais, à travers tout cela, il me semble aussi apercevoir la main de la justice graduellement, lentement, mais sûrement, étreindre la victoire.

« Veilleur, comment est la nuit?

« Il fait encore sombre, des cris de rage et d'angoisse déchirent encore l'air ; mais l'aube dorée est proche. Et la vaillante jeunesse de Grande-Bretagne va revenir du champ de bataille de l'Europe où son héroïsme aura montré au monde que la Justice est le meilleur soutien de la valeur et où sa bravoure aura assuré le triomphe durable de la Justice. »

Jusqu'aux extrémités du vaste champ religieux qu'est le monde anglo-saxon, cette parole retentira. Pour beaucoup, elle sera décisive. Que d'âmes sont aux écoutes !

Cette guerre, en effet, devient de plus en plus une affaire de conscience pour l'humanité. Nous pouvons à peine en apercevoir les conséquences ; mais il est permis de dire, dès à présent, qu'elle n'aura pas seulement des effets politiques, militaires, économiques, mais aussi des suites morales et même religieuses.

Si l'on va au fond des choses, on remarque que l'action allemande sur le monde exerce depuis quarante ans une poussée uniquement matérialiste. Il n'est pas un intellectuel, un homme d'État qui ne le reconnaisse, qui ne le proclame chez eux, cette guerre est une guerre de nécessités matérielles, une guerre pour le ventre. « Notre nombre croît sans cesse et nous voulons manger à notre faim » ; tel est le premier et le dernier mot de la politique allemande. Donner satisfaction à toutes les convoitises allemandes, voilà son objectif principal. Mais il y a une contre-partie à ce hourra des appétits bas et des rapacités brutales sur le monde, c'est l'abaissement des âmes et des caractères, la lente disparition du vieil idéal spiritualiste et chrétien.

N'est-ce pas l'empereur Guillaume qui a prononcé le fameux mot : « Les puissances des ténèbres rongent la moelle de mon peuple ! » Voilà l'aveu. En quoi diffère-t-il de l'invective de Lloyd George : « ... des âmes de démon » ?

Dans la paix de Justice que ces terribles événements préparent, les « impondérables » de la conscience universelle décideront.

Catholiques ou protestants, en Angleterre, en Amérique, en Allemagne même, comme partout ailleurs, ceux qui ont au cœur l'honneur du genre humain s'uniront pour rompre avec l'affreuse doctrine qui invoque sans cesse le nom de Dieu pour excuser les pires attentats contre Dieu.

Je ne sais quelle union, quel apaisement des querelles antérieures se fera dans un besoin universel de rompre avec les violateurs de la foi jurée et de toute morale internationale et humaine. La paix future refoulera le matérialisme allemand, l'hypocrisie allemande, le Dieu allemand, — puisqu'il y a un Dieu allemand, — et elle ralliera tous les honnêtes gens pour saluer l'aube évoquée par le magnifique langage de Lloyd George : « Veilleur ! comment est la nuit ? L'aube dorée est proche ! »

LXVI. 20 novembre 1914. — Parole pontificale.

La première encyclique du pape Benoît XV est inspirée à la fois par les besoins de l'heure présente et par les principes éternels qui sont ceux de la religion catholique et de l'Église. Elle donne immédiatement la plus haute idée des mérites du nouveau successeur de saint Pierre : c'est un chef-d'œuvre de clarté, de précision et de noblesse dans la simplicité. Tout est dit et rien que ce qu'il fallait dire. La houlette est tenue d'une main ferme et le troupeau se sent guidé.

Benoît XV, en énumérant les erreurs qui sont les causes des maux actuels, n'a pas hésité à porter principalement l'attention sur les plus graves de toutes : elles ne sont pas de l'ordre dogmatique, mais de l'ordre social et, si j'osais dire, économique. En cela, il s'est montré le successeur direct de Léon XIII. Au premier rang, il dénonce : « L'absence d'un amour mutuel et sincère entre les hommes ; et ensuite, et surtout, ce qui est la racine secrète de tout malheur : *radix omnium malorum, cupiditas*, le désir du bien-être matériel, qui est devenu le but unique de la vie. »

En s'exprimant ainsi, le pape aborde franchement le vrai problème, et son âme latine s'oppose avec force au système brutalement hostile au genre humain et grossièrement matérialiste dont l'Allemagne se réclame sans hésiter.

Que disent, en effet, les apôtres du pangermanisme? — L'Allemagne doit avoir sa place au soleil ; sa population est surabondante ; il faut qu'elle obtienne coûte que coûte, non seulement le manger et le boire selon sa faim et sa soif qui sont insatiables, mais le bien-être et le large confortable de la vie. Et que disait, hier encore, M. Lasson s'adressant aux neutres bien inoffensifs de Hollande? « Tout étranger est, pour nous, un ennemi jusqu'à preuve du contraire. » Et encore : « Nous n'avons point d'amis; tous nous craignent..., etc. »

Reprenons maintenant les paroles du Saint-Père définissant les grandes erreurs du siècle : d'abord, « le désir du bien-être matériel, *racine de tous les maux*, et devenu le but unique de la vie » ; et puis, selon les propres expressions de l'Encyclique, « l'absence d'un amour mutuel et sincère entre les hommes ».

— Et concluons : le Saint-Père a pris position autant qu'il pouvait le faire ; il s'est prononcé contre les odieux principes de la politique et de la morale allemandes.

Et comment pouvait-il en être autrement, puisque le pape représente celui qui est venu « apporter la paix sur la terre aux hommes de bonne volonté »?

LXVII. **22 novembre 1914. — La terre et la mer.**

Les Allemands annoncent *urbi et orbi* que la Turquie organise, sous leur haute direction, une armée ayant pour objectif l'occupation du canal de Suez et la conquête de l'Égypte. Le projet n'est pas nouveau : on peut dire qu'il était inclus dans la vaste entreprise de constructions de chemins de fer à travers l'Empire ottoman, à laquelle la France, l'Angleterre et la Russie ont si bénévolement donné les mains.

L'Allemagne démasque, maintenant, sa haine formidable contre l'Angleterre et son violent désir de porter à cette puissance des coups mortels. Anvers conquis ne suffit pas ; Calais visé ne suffit pas ; il faut Suez et les Indes !...

Au même moment, le professeur allemand Ballod (comme stratèges, il n'y a décidément que les professeurs !) expose dans les *Preussische Jahrbücher* les conditions d'une campagne d'hiver en Russie. Il fait observer que le froid qui sévit dans ce pays « a précisément pour avantage de geler la surface des fleuves et des marais », et sur cette remarque, qui eût réjoui La Palisse, il construit tout un plan permettant aux armées allemandes d'atteindre Iékatérinoslav, Poltava, Kharkof, le district du Donetz et Tsaritzyn. Ainsi, on s'emparerait des mines et on occuperait « le grenier de la Russie ». « C'est là que cette puissance est le plus vulnérable », conclut gravement l'intellectuel germanique.

C'est à n'y pas croire ! Depuis deux mois, les armées allemandes sont accrochées aux falaises de l'Aisne ou aux marais de l'Yser ; elles ont dû renoncer au fameux plan qui promettait, au soldat et à l'opinion, la prise de Paris pour la fin d'août ; elles sont contraintes d'abandonner le plan subsidiaire menaçant Calais. En Prusse orientale, en Pologne, les armées austro-allemandes sont serrées de près par les armées russes ; le moins que l'on puisse dire, c'est que les forces germaniques, prises entre deux feux, s'épuisent en ce terrible va-et-vient. Et, au même moment, leurs chefs, en proie aux rêves les plus insensés, prétendent étendre leur emprise sur le reste de l'univers.

La France, désireuse de venger les désastres de 1870 et surtout de libérer ses frères opprimés d'Alsace-Lorraine, eût-elle désiré davantage? Au début de la guerre, elle pouvait se croire l'ennemi principal, la puissance dont l'existence européenne était seule en jeu. Pas du tout ! La voilà traitée avec des égards particuliers : la victoire de la Marne a sans doute fait ce miracle ! On daigne ne plus lui en vouloir ; peu s'en faut, et on lui proposerait « une paix honorable ». Les inimitiés décisives vont maintenant à l'Angleterre et à la Russie : c'est à ces deux empires que l'on réserve une guerre implacable et sans merci !

**

En vérité, ces gens sont fous ! S'il se fût agi d'intéresser l'univers à notre querelle, comment l'eût-on fait plus efficacement qu'en soulevant, à la fois, comme une poussière enflammée, toutes les questions irritantes? S'il est entendu que la victoire allemande ne s'assouvira que par une conquête s'étendant à la fois sur les cinq parties du monde, qui donc ne se sentira pas menacé par l'insolence d'une telle victoire?

Hier, la Hollande recevait en plein visage le coup droit : elle ne peut bouger, la pauvre ; mais l'injure qui lui est faite, la botte qui lui est portée, frappe au cœur tous les neutres.

M. R. Bacon, ancien ambassadeur, dans une interview qui sera, peut-être, le point de départ de grandes choses, le disait récemment à ses compatriotes américains : « Nous assumons une très lourde responsabilité morale quand nous gardons le silence. Dans cette crise particulière, les autres nations ont les yeux fixés sur nous et jamais peut-être notre exemple n'a eu une plus grande force. Justifier une politique de silence par l'assertion que nous sommes heureux d'être à l'abri des dangers qui menacent les peuples européens, donner cela comme une raison de rester tranquillement les mains liées, c'est une politique aussi imprudente qu'aveugle. »

Et, aujourd'hui même, M. G. Trumbull Ladd, de l'université de Yale, indique, avec plus de précision encore, le danger qui commence à être pressenti, même de l'autre côté de l'Atlantique : « Les Américains ont d'autres raisons d'appréhender les desseins de l'Allemagne. Les habitants de l'Union commencent à se demander : que nous arriverait-il si les Allemands triomphent dans cette lutte? Qu'adviendra-t-il finalement de l'Amérique du Sud, de l'Amérique centrale, du Mexique, si l'Allemagne est victorieuse dans cette guerre? Telle est la question que nombre de gens se posent à l'heure actuelle. »

Et cette question, posée là-bas, dans des contrées qui peuvent se croire encore à l'abri, comment ne se poserait-elle pas en Europe, où la serre sanglante s'étend déjà sur la proie? Qu'adviendrait-il de l'Adriatique? Qu'adviendrait-il de la Méditerranée? Qu'adviendrait-il des peuples libres, faibles ou non, neutres ou non, si la Palestine, le canal de Suez, l'Égypte venaient à être occupés par les forces turco-allemandes? Si Constantinople, Alexandrie formaient, avec Trieste, un triangle dominateur?

Anéantir la France, occuper Calais et Cherbourg, assaillir l'Angleterre, l'étrangler, au canal de Suez, pour substituer la domination des Germains à la suprématie britannique; refouler, pour toujours, la Russie dans les steppes asiatiques et l'expulser des affaires européennes, — voilà donc le programme!

La terre et la mer; c'est bien autre chose que la reconstitution du « Saint-Empire romain germanique », dont parlait récemment l'empereur Guillaume. Ce qu'il veut en réalité, c'est l'asservissement de l'Univers... L'Univers, averti, se défendra!

LXVIII. 24 novembre 1914. — Pas de négociations préventives.

Les États balkaniques attirent, de nouveau, l'attention de l'Europe ; leurs revendications légitimes sont à l'origine du conflit actuel, leurs querelles, — on pourrait presque dire intestines, — l'ont rendu inévitable ; aujourd'hui, leurs décisions peuvent peser d'un poids appréciable dans la balance. Il importe donc que ces décisions soient mûrement réfléchies chez eux et bien comprises en Europe.

La Turquie s'est faite l'instrument de la politique allemande et austro-hongroise. Pour tous ceux qui connaissent les choses en Orient, il n'est pas douteux qu'en se jetant dans la guerre, les chefs de la Turquie ne poursuivent la réalisation du vieux rêve islamique. Ils déclarent à qui veut les entendre qu'à l'issue de cette guerre, il restera, dans le monde, deux empires, un chrétien, l'Allemagne ; un mahométan, la Turquie. Sur ces visées ottomanes, il n'est pas un homme d'État balkanique qui ne soit exactement renseigné : absurdes c'est possible, mais elles sont telles.

La situation est donc d'une simplicité lumineuse : la victoire des puissances germaniques et de leurs alliés marquerait le relèvement de l'homme malade ; il sentirait ses forces renaître. Son premier succès serait à Suez ou à Alexandrie, mais le second serait à Philippopoli ou à Sofia, le troisième à Salonique, à Janina...

Qui peut croire que Constantinople ait pris son parti des faits, en somme récents, qui l'ont décapitalisée ? La Jeune-Turquie joue son va-tout dans cette partie : elle n'entend pas vaincre à demi.

Elle prétend venger d'un seul coup tous ses affronts et surtout les derniers, les plus cuisants : si elle se souvient de Plewna, comment aurait-elle oublié Kirk-Kilissé et Tchatalscha ?

Il semblerait que, sur ces données, la conduite des États balkaniques, s'inspirant de la sagesse la plus élémentaire, serait de garder la main sur la gâchette du fusil et de surveiller l'heure dangereuse où un premier succès, toujours possible, gonflerait l'orgueil des Turcs et découvrirait leurs sentiments en même temps que leurs desseins.

Mais les choses se sont tellement embrouillées, depuis la dernière crise, dans l'esprit de certains hommes d'État balkaniques, qu'ils ont peine à se placer en face des situations nettes et des solutions simples. Ils compliquent et embrouillent les choses à plaisir, dans l'intention ou de pêcher en eau trouble ou tout bonnement, qui sait? de passer, auprès de leurs compatriotes, pour des diplomates supérieurs. Ils devraient bien méditer le mot d'un homme qui s'y connaissait, notre grand cardinal de Richelieu : « Il y a des gens qui, pour affiner trop la pointe des aiguilles, les cassent. »

***

La faute que certains d'entre eux se montrent disposés à commettre est la suivante : avant de prendre une attitude, quelle qu'elle soit, ils entendent se faire payer d'avance et carte sur table. C'est le conseil que donnent au gouvernement bulgare plusieurs des orateurs qui ont pris la parole devant le Sobranié, en réponse au discours du Trône, et notamment M. Martinof, chef du parti démocrate. « Il s'agit, dit en résumé celui-ci, de créer une Bulgarie satisfaite ; pour cela il faut, d'abord, procéder à la revision des traités balkaniques ; la pratique de cette politique peut se réaliser soit par la guerre, soit par la neutralité. Le simple fait du maintien de la neutralité constitue un immense service rendu à certaines puissances. Donc, il faut négocier avec les puissances de la Triple-Entente pour garantir, avant tout, la réalisation de l'unité bulgare. » Cela revient à dire que la Bulgarie, si elle suivait ce conseil, poserait des conditions, je ne dis pas seulement pour intervenir, mais pour rester neutre !

M. Ghenadieff, le leader stambouloviste, paraît avoir montré un sens politique beaucoup plus avisé, quand il a signalé « les inconvénients d'une politique de négociations qui, en marquant un premier pas vers l'abandon de la neutralité, provoquerait ainsi une guerre que toute la nation réprouve ».

Disons les choses clairement : la Bulgarie songe à négocier, avec les puissances de la Triple-Entente, la cession de la Macédoine ; pour l'obtenir, elle tient en suspens non pas même sa participation à la guerre, mais sa neutralité.

Les choses étant ainsi, nous déclarons aux partisans de l'opinion développée par M. Martinof qu'ils font fausse route et que, s'ils entendent aider au triomphe de l'Islam, même par une simple abstention, c'est leur affaire ; qu'ils le fassent à leurs risques et périls.

La guerre engagée actuellement n'est pas une conception de diplomates, c'est l'application fatale de lois historiques irrésistibles. Son enjeu est connu, c'est l'indépendance des peuples ou leur asservissement. Son objet sera de constituer une Europe libre ou une Europe esclave : il n'y a pas d'autre issue.

PAS DE NÉGOCIATIONS PRÉVENTIVES

Au moment où quatre grandes puissances et leurs alliés se sont décidées à relever le gant jeté par l'Allemagne, elles n'ont pris, les unes à l'égard des autres, nulle précaution ; elles ne se sont réclamées, les unes aux autres, nulle garantie : elles n'ont pas assis leurs diplomates autour d'un tapis vert pour anticiper sur les événements et pour régler, avant la bataille, les résultats de la victoire ; elles n'ont pas songé à partager la peau de l'ours qu'il s'agissait de tuer. D'un seul cœur, elles se sont écriées : « Allons-y ; sus à la bête ! Nous verrons après ! »

Croyez-vous donc possible qu'elles s'arrêtent maintenant en pleine bataille, pour escompter et attribuer les gains, que le plus perspicace des Talleyrand ne saurait prévoir ? Les croyez-vous capables d'entrer dans des négociations qui auraient pour objet de dépouiller les ouvriers de la première heure au profit des hommes de peu de foi, dont l'attitude vacille encore ?

Ou pour la vieille Europe ou pour l'Europe nouvelle ; ou pour les nationalités libres ou contre elles ; en un mot, pour ou contre la Turquie, prononcez-vous d'abord : nous verrons après.

La Turquie le comprend bien ainsi ; car ses généraux réclament le maintien d'une puissante armée sur la frontière bulgare, tandis que les Allemands voudraient d'abord marcher sur l'Égypte et le canal de Suez. Chacun suit son instinct et son intérêt. Ceux qui croient au succès des armes turques ont leur voie toute tracée ; en la suivant, ils se détournent de leur passé ; on verra si elle les conduit à un brillant avenir.

De toutes façons, il faut qu'il soit entendu qu'aucune négociation préventive ne peut être engagée avant que les événements soient accomplis. Chacun jouera sa chance et recueillera son profit, mais il est de toute impossibilité que l'un quelconque des partenaires garde sa mise dans la main et prétende ramasser le bénéfice avant que les dés aient été jetés.

Il plane sur l'Europe un terrible inconnu. C'est la beauté dramatique de l'heure présente. Les puissances des ténèbres multiplient leurs ruses et leurs tentations ; elles fomentent toutes les passions et toutes les convoitises. Mais l'Europe saine, l'Europe libre, celle qui veut le bien de tous les peuples, et le triomphe de la civilisation par la liberté, celle-là repousse d'avance tout faux semblant et tout subterfuge. Sa parole est loyale, ce qu'elle promet, elle l'accordera : mais elle n'agira qu'au grand jour et ne traitera qu'en pleine lumière.

LXIX. **26 novembre 1914.** — **Un ami de la France.**

Paris accueille avec une vive émotion la nouvelle, maintenant officielle, du départ prochain de l'ambassadeur des États-Unis d'Amérique, l'honorable M. Herrick. M. et Mme Herrick faisaient réellement partie de la vie parisienne : avant la guerre, on les rencontrait dans nos fêtes, toujours empressés, toujours accueillants, ayant l'art de rapprocher la colonie américaine et la société parisienne dans des réunions simples et charmantes, où la grâce de l'hospitalité se doublait de cette affabilité prenante qui vient du cœur.

Quand l'heure des devoirs plus hauts sonna pour

l'ambassadeur, il sut les remplir avec une autorité, un tact, une impartialité qui lui attirèrent, de toutes parts, le respect et la confiance. On s'habitua vite à user de l'obligeance réfléchie d'un homme qui joignait à une expérience consommée des affaires une vivacité d'impression et d'expression où se manifestaient les vertus mâles et vigoureuses du citoyen d'une république libre.

M. Herrick exerça, depuis lors, à Paris, une sorte d'arbitrage, celui de la neutralité. Depuis trois mois qu'il est, pour ainsi dire, à lui seul, tout le corps diplomatique, combien de problèmes délicats il sut résoudre, combien de confidences émouvantes il accueillit, à combien de tristes situations il vint en aide ! L'ambassade des États-Unis était un asile où une vigilance de tous les instants s'alliait à une bienveillance continuellement attentive. Sous cette protection, bien des inquiétudes se sentaient à l'abri, la ville elle-même avait le sentiment instinctif que la présence de M. Herrick ajoutait à sa sécurité.

Sous les auspices de l'ambassadeur, se fondèrent ces belles œuvres de la Croix-Rouge américaine, qui, sur le front des armées ou au cœur de la capitale, ont multiplié tous les genres d'aide, d'assistance, de réconfort physique et moral. Nos blessés n'oublieront jamais ceux à qui des milliers d'entre eux doivent, soit la guérison, soit la vie ; nos pauvres n'oublieront pas davantage ces secours anonymes qui ne se laissaient reconnaître qu'à leur largesse.

Dans la vie d'un homme et dans la vie d'un peuple, de telles pages sont réciproquement inoubliables. Ceux qui ont approché M. Herrick garderont le souvenir ineffaçable de cet homme de haute stature, à la forte chevelure noire, au regard doux et vif, dont la main accueillante se tendait, vers l'interlocuteur, d'un geste qui disait la sympathie dans l'égalité. Ce diplomate est un homme et, dans la belle et noble acception du mot, un républicain.

M. Herrick nous quitte, entouré de l'affection et de la gratitude universelles ; il va dans son pays qui ne pourra se passer longtemps de ses services. Le président Wilson vient de prononcer le mot exact quand il a qualifié sa conduite d' « admirable ».

Nos vœux les plus sincères accompagnent M. et Mme Herrick. Qu'ils disent, là-bas, ce qu'ils pensent de la France. Ils nous connaissent : nous en appelons à leur témoignage.

Les ambassadeurs des États-Unis restent tous, après qu'ils nous ont quittés, de fidèles amis de la France ; il en est, comme M. R. Bacon, qui reviennent parmi nous aux heures du danger. Notre République a ainsi, auprès de la grande République sœur, les plus nobles répondants.

Le successeur de M. Herrick, M. Sharpe, est à Paris depuis le début de la guerre ; il a voulu laisser l'ambassade aux mains de son prédécesseur pendant les premières heures, les plus critiques ; il va en prendre, maintenant, la direction effective.

Nous avons la confiance qu'il suivra, à la rue de Chaillot, les traditions que lui laissent ses honorables prédécesseurs.

LXX. **28 novembre 1914.** — **Pourquoi ils peinent.**

Ils peinent dans les tranchées ; le bruit du canon ne cesse de tonner à leurs oreilles ; s'ils lèvent la tête, les balles sifflent. Que les nuits sont longues, de quatre heures du soir à sept heures du matin, sans lumière ! Au réveil, les pieds sont gourds, les reins douloureux ; on s'étire en bâillant. Et puis, combien de camarades ont disparu, tués, blessés, prisonniers !... Et la ligne de front se déplace à peine, la tranchée adverse montre toujours, à qui la regarde par le trou de la meurtrière, la même barre boueuse, hostile ! On ne les voit pas, mais, Dieu sait si on les entend, ces « sales Boches » ; ils sont toujours là !

Oui, sur le front, les choses paraissent toujours les mêmes ; mais, en fait, elles se transforment du tout au tout, et c'est ce que le soldat doit se redire sans cesse pour se convaincre que son sacrifice n'est pas stérile et que son immobilité même remporte, chaque jour, une victoire partielle qui s'additionnera dans la victoire définitive.

Il faut qu'il se persuade, d'abord, du succès moral désormais acquis, et que rien au monde ne peut lui enlever : il a restauré l'honneur des armes françaises diminué depuis quarante-quatre ans ! Qu'il écoute, je ne dis pas ses alliés, mais ses ennemis ; ce n'est qu'un cri pour reconnaître ses qualités de courage, de vigueur, de ténacité, d'endurance. Les Allemands le proclament, maintenant, tout haut : le Français se bat bien, il est digne de son passé, digne de sa race, « digne qu'on se mesure avec lui ».

Ce n'est pas ainsi qu'on parlait de la France et des Français, il y a seulement six mois ! Mais l'Allemand ne croit qu'à une chose : la force. Le soldat français lui a fait connaître sa force : il s'incline.

Les conséquences extraordinaires de ce grand fait moral, de ce « déplacement d'impondérables », nous les verrons apparaître à l'heure du « déclenchement ». Le travail se fait sourdement, mais il se poursuit ; nous saurons bientôt à quel point il importe que la victoire générale des peuples soit, pour la plus grande partie, une *victoire française*. La France rend et rendra les plus grands services au monde. La France... je veux dire le soldat français.

Parmi les paroles sublimes qui constitueront le plus beau livre humain qui puisse être écrit, j'ai noté celle d'un officier qui, blessé à mort, refusait de quitter le front : « Il ne suffit pas d'être brave, dit-il à ses camarades qui l'entraînaient, il faut donner l'exemple. » Je recueillerai, en pendant, un mot, un simple mot de soldat : « Nos officiers ne sont pas chics ! Ils se font tous tuer ; il n'en restera plus pour nous commander ! » Voilà les sentiments que cette guerre fait surgir : il y avait cela dans l'âme de la France, dans le cœur du soldat français.

J'ai dit le soldat français : Dieu me préserve de le séparer de ses chefs ! Déjà j'ai recueilli, sur les lèvres de quelqu'un répétant ce qu'on dit de l'autre côté, ces paroles authentiques : « Ah ! si nous avions un général Joffre ! » Et encore : « La science militaire est, certainement, du côté français. » Maintenant que les récits officiels s'arrachent à la modestie extrême des « communiqués », on comprend tout le mérite de ceux qui commandent : l'admirable organisation de l'intendance, la savante distribution des renforts, l'entente pratique du terrain, l'attention à ménager le sang du soldat, la prévoyance qui devine les coups et sait y parer sans bruit, la parfaite réalisation de la loi du moindre effort, enfin ce bon sens tranquille que rien ne surprend, que rien n'exalte, et qui se borne à faire juste le nécessaire à l'heure où c'est nécessaire.

Le généralissime, ses lieutenants, ses officiers, tous sont unis par une même intelligence, un même tact dans l'application des forces aux circonstances. Les uns commandent, les autres obéissent en pleine liberté et confiance réciproques. Cette nation, tant dénigrée, voilà l'exemple de discipline solide et joyeuse qu'elle donne à l'heure de l'action.

... Mais les ennemis sont toujours sur le sol français ; ils occupent et organisent la Belgique ; la guerre se prolonge. N'en verrons-nous jamais la fin? Nous voici aux mois des brumes glaciales et des gelées, frimaire, nivôse ; le grand hiver a déjà fait sentir ses rigueurs. Pourrons-nous endurer ces maux longtemps encore?

Tout d'abord, répondons, avec le général Dragomirow : « Il pleut dans mon camp ; il pleut dans le sien. » Nous souffrons, ils souffrent. Les carnets des prisonniers révèlent un état de lassitude physique et morale indiquant que la limite sera bientôt atteinte. Sous le dur carcan de la discipline, l'épée aux reins, le revolver au visage, les soldats tiennent encore.

Quand ils sont attachés l'un à l'autre par l'autorité militaire la plus rude qu'il y ait sur la terre, ils foncent ; mais le cœur n'y est plus, ces enfants gémissent, ces vieillards geignent. Ils ont le sentiment qu'on les conduit à la boucherie pour sauver la face des chefs ou de la dynastie, pour ne pas laisser se répandre, à Berlin, le mot terrible qui peut tout déclencher : « La défaite ! »

La ruée désespérée sur Calais n'a pas d'autre sens : Calais, c'est, pour l'Allemagne de Guillaume, ce que Sedan fut pour la France de Napoléon. On ne voulait pas, et on ne veut pas montrer à la capitale le visage d'un vaincu.

Après les derniers grands succès remportés par la Russie, la bataille des Flandres a son sens profond : les deux manœuvres s'expliquent l'une par l'autre ; on ne peut les séparer. L'armée franco-anglo-belge a retenu, sur la frontière occidentale, cinquante-trois corps allemands qui ont manqué à la frontière orientale et y ont rendu la défensive impuissante.

L'empereur Guillaume, ballotté entre les deux périls, n'a pas su ou plutôt n'a pas pu choisir. Tandis que le général Joffre s'accrochait à sa principale armée et la retenait ici, le grand-duc Nicolas détruisait l'autre ; voilà la magnifique portée de cette victoire des Flandres, victoire d'usure, une des plus belles de l'histoire militaire, et que nous devons à ton endurance et à celle de tes alliés, vaillant petit soldat français !

Tu veux ta récompense ; ne te presse pas trop ; mais pourtant écoute : « A Berlin, les milieux officiels se rendent au fond parfaitement compte que le conflit

actuel ne peut plus avoir qu'une solution, la défaite de
l'Allemagne ; ils savent pertinemment que si l'Allemagne se bat maintenant encore, c'est pour obtenir
les meilleures conditions de paix possibles... En prolon-
geant la guerre, l'Allemagne compte lasser la patience
et l'endurance des Alliés... Beaucoup de mes interlocuteurs reconnaissent franchement qu'ils s'attendent à
perdre l'Alsace, une partie de la Lorraine et une partie
de la Prusse orientale... Les milieux officiels, la haute
société, et en fait tous les gens qui sont au courant,
conservent un air souriant, mais, au fond du cœur, ils
sont au désespoir... »

Qui écrit cela ? Un neutre, un Américain qui revient
de Berlin et dont je puis attester la parfaite impartialité et le clair jugement.

Certes, ce n'est pas fini ! Ils tiendront longtemps
encore. Nous subirons plus d'une alerte, plus d'une
rafale. Mais le plus fort est fait. Sur leur tranchée grise,
ils sentent passer le premier frisson de la défaite...
Petit soldat français, tiens bon, la victoire s'approche ; tu la saisiras, immortelle, — devant la France,
devant l'histoire, — ta récompense !

LXXI. 30 novembre 1914. — Guerre et diplomatie.

La situation militaire et la situation diplomatique
semblent à peu près identiques depuis le début de la
bataille de l'Aisne ; elles sont d'ailleurs en fonction
l'une de l'autre ; dès que la victoire se prononcera, la
diplomatie suivra en servante docile. Mais cette immo-

bilité n'est qu'apparente. En fait, des événements considérables se sont produits et les impondérables se sont déplacés.

Une troisième grande bataille sur le front occidental, une troisième grande bataille sur le front oriental ; l'entrée en ligne de la Turquie, avec les conséquences qu'elle doit avoir immanquablement, ont changé la face des choses. La réaction des choses diplomatiques sur les choses militaires et des choses militaires sur les choses diplomatiques s'accomplit. Je ne doute pas, qu'avant peu, les résultats deviendront apparents et peut-être éclatants. En histoire, les préparations sont lentes et les déclenchements brusques. On n'en comprend toute la portée que quand ils sont achevés.

***

La bataille des Flandres a eu pour résultat un échec complet de l'offensive allemande. Ce n'est pas de son plein gré qu'elle avait été entraînée vers le Nord. Paris était d'abord son objectif ; deux causes déterminantes l'ont forcée à se déplacer : d'une part, le siège d'Anvers, d'autre part, la manœuvre du général Joffre tendant à la tourner sur l'aile droite.

La prise d'Anvers fut un succès pour les armées allemandes, mais elle les attirait vers la Belgique septentrionale et les forçait à allonger infiniment leur base d'opération. Ne voulant pas, cependant, renoncer à la menace sur Paris, l'état-major allemand fut contraint d'appeler, du fond de l'Allemagne, la plus grande partie de ses réserves disponibles. Cinquante-trois corps d'armée furent massés sur la frontière franco-belge.

Un autre motif les appelait : le général Joffre, en accomplissant son mouvement tournant, déplaçait, à notre profit, le champ de bataille principal, puisqu'il l'éloignait de Paris; il suggérait, en quelque sorte, à l'ennemi un autre objectif : l'ennemi suivit docilement.

L'état-major allemand fit savoir *urbi et orbi* qu'il marchait sur Calais. C'était un plan de fortune : on l'éleva à la hauteur d'une conception stratégique définitive. Il s'agissait cette fois « d'une action *décisive* contre la gauche française »; selon les ordres officiels, — « le coup *décisif* est de percer sur Dunkerque et sur Ypres »; — « *décisive* doit être la percée ». Pour la presse allemande, l'Angleterre fut ou plutôt devint subitement la nation visée, haïe, détestée. On entraînait le peuple, l'opinion, l'armée, avec le seul mot : *Calais!*

Or, voilà le grand fait de ces derniers jours, la marche sur Calais a rencontré des obstacles invincibles. Tous les renforts allemands, vieilles troupes et jeunes troupes, toutes ont donné en vain contre les forces belges, anglaises et françaises réunies. Cent vingt mille hommes y ont péri, et le résultat n'est pas atteint, la *décision* n'a pas été obtenue.

Dans le même temps, sur la frontière orientale, les armées allemandes avec des alternatives plus contrastées, tantôt battues, tantôt victorieuses, se trouvent après des sacrifices non moindres en présence d'une situation non moins troublante. Elles marchaient tambour battant sur Varsovie, elles ont été ramenées jusqu'aux portes de Cracovie. Il est vrai que, depuis, une habile manœuvre du général de Hindenburg a compromis la liaison des deux armées russes et a forcé celles-ci à prendre du champ. Mais les Allemands eux-mêmes reconnaissent qu'il s'agit d'un succès partiel, arraché au prix d'un effort surhumain et peut-être d'un sacrifice stratégique difficilement réparable. En effet, pour agir sur la ligne de front orientale, on a diminué la ligne de front occidentale. Le correspondant militaire du *Journal de Genève*, qui expose avec une grande force les conditions de la lutte, le fait observer : les événements d'Orient tendent à expliquer le ralentissement des opérations en Occident. Pour continuer à tenir contre un ennemi supérieur en nombre, « les réserves allemandes en Pologne et en Prusse orientale doivent revêtir l'ampleur d'armées très complètes composées de corps d'armées nombreux. Que laissent-elles pour remplacer l'armée de quatrième ligne qui s'est brisée sur l'Yser »?

Ainsi, insuccès complet de la grande opération allemande prévue, annoncée au monde par les von der Goltz et les Bernhardi. On n'a pas pris Paris, on n'a pas pris Calais, et on n'a pas anéanti les forces russes. En un mot, on n'a pas su choisir entre les deux objectifs et on n'a su réaliser ni l'un ni l'autre. Les armées allemandes roulent sur le vaste champ de la guerre comme une boule sur un billard, se heurtant aux bandes, subissant le choc et le rendant, mais toujours renvoyées de l'une à l'autre dans un mouvement alternatif qui rend l'effort stérile et épuise peu à peu sa force.

* * *

La diplomatie allemande a fait comme la stratégie : elle s'est donné beaucoup de peine pour obtenir un résultat qui tournera, sans doute, à sa confusion : elle a décidé la Turquie à prendre part à la lutte. Le *Breslau* et le *Gœben* ont insulté les ports russes de la mer Noire. En dépit de leur longanimité, les puissances de la Triple-Entente se trouvent en état de guerre avec la Turquie.

Au point de vue militaire, l'action turque est de peu de conséquence. Du côté de l'Arménie et du Caucase, la Russie est prête : avant que l'armée turque sous le commandement des chefs allemands ait pu produire un effet quelconque, les événements décisifs se seront produits ailleurs ; de même pour les opérations sur la Mer Noire : le *Gœben* est déjà hors de combat : la flotte turque, si on peut employer cette expression, est impuissante. Reste l'offensive turque annoncée sur le canal de Suez et l'Égypte. L'Angleterre est avertie ; ses troupes de l'Inde font bonne garde ; le monde arabe est prêt à se soulever. Et puis, franchir le canal de Suez, ce n'est pas une petite affaire. A supposer qu'on ne tienne aucun compte des engagements internationaux qui assurent la neutralité de cette voie mondiale, l'expédition turque s'enlisera sans doute dans les déserts du Sinaï et ne touchera jamais à la terre des Pharaons.

Quelle est donc la véritable portée de la décision

prise par les chefs de la Jeune-Turquie ? Ne nous y trompons pas, elle vise surtout les affaires européennes, et, ici, elle échappe un peu à la tutelle germanique. Le pupille n'en fera qu'à sa tête, malgré les injonctions du tuteur.

Tandis que l'Allemagne pense surtout aux diversions contre la Russie et contre l'Angleterre, la Turquie n'a qu'une pensée : venger ses défaites récentes, restaurer l'honneur des armes turques aboli à Kirk-Kilissé et à Tchatalscha, raviver les forces de l'Empire mourant. Aussi les généraux turcs renforcent surtout l'armée d'Andrinople. La Turquie entend rouvrir le problème balkanique.

Nous ne savons ce qu'y gagneront l'Allemagne et l'Autriche-Hongrie ; mais ce qui est de toute évidence, c'est que les peuples balkaniques, de nouveau menacés, songeront bientôt à se défendre. L'Allemagne déchaîne le Kurde et le bachi-bouzouk, les chrétientés d'Orient se retrouveront bientôt à leur rang dans la lutte contre l'Islam. A moins d'erreurs nouvelles invraisemblables, bien des fautes seront réparées et les choses seront remises à leur place. L'imprudence de la Turquie ouvrira enfin les voies à la solution trop retardée : les Balkans aux Balkaniques.

Ainsi les impondérables agissent et la Destinée trouve ses voies. Les trois grands empires de domination : l'Allemagne, l'Autriche-Hongrie, la Turquie ont lié leur sort pour rendre plus éclatante la noble devise des puissances alliées : tout pour la civilisation par la liberté !

CHAPITRE V

LXXII. 1ᵉʳ décembre 1914. — Le « Livre jaune ».

Le « Livre jaune » vient un peu tardivement, mais il gagne, à cette lenteur d'exécution, d'être plus complet et plus nourri que les livres multicolores parus avant lui. Rien ne peut suppléer à la lecture d'un volume dont toutes les pages, toutes les lignes importent à l'exposé du drame diplomatique qui aboutit à la déclaration de guerre. Le gouvernement français a pris soin de le rendre accessible à tous et de l'envoyer jusqu'en Amérique pour que l'opinion universelle soit saisie et éclairée. Il n'est pas un citoyen du monde, en effet, que ces documents, dans leur forme aride, ne touche, il n'est pas une famille qui ne subisse quelque contre-coup du choc où se heurtent les armées de huit puissances, grandes ou petites.

Voici donc, exposées avec la netteté et la clarté de la langue et du génie français, les causes de la guerre de 1914. Je voudrais essayer de dégager, ici, les points sur lesquels une lumière nouvelle est faite par la publication du ministère des Affaires étrangères français.

J'en vois deux qui sont, désormais, hors de discussion : c'est, d'une part, la volonté et la préméditation de la guerre ; et c'est, d'autre part, le parti pris de l'Allemagne d'appliquer sans réserve la doctrine essentiellement allemande qui ne tient compte de nul engagement gênant. Bismarck dit : « La force prime le droit, » et Bethmann-Hollweg : « Nécessité fait loi. »

L'Allemagne voulait la guerre et elle l'a voulue à cette date précise d'août 1914. Pourquoi? Parce que sa situation intérieure et extérieure la lui présentait comme une issue nécessaire ; parce que, en présence des précautions militaires prises par la France et la Russie, mises en garde par ses propres lois militaires, elle craignait de perdre son avance et que plus tard ce fût trop tard.

*
* *

Le « Livre jaune » commence, avec très juste raison, par la publication de deux rapports datés du 15 mars 1913 (au moment où, en réponse aux formidables crédits militaires allemands, la France s'apprêtait à rétablir le service de trois ans) et émanant l'un du colonel Serret, attaché militaire à Berlin, l'autre de M. de Faramond, attaché naval, et qui exposent l'état d'esprit de l'Allemagne : « Depuis quelque temps déjà, on rencontre des gens qui déclarent les projets militaires de la France extraordinaires et injustifiés. Dans un salon, un membre du Reichstag, et non un énergumène, parlant du service de trois ans en France, allait jusqu'à dire : « *C'est une provocation; nous ne le permettrons pas!* » De plus modérés, militaires ou civils, soutiennent couramment la thèse que la France, avec ses quarante millions d'âmes, *n'a pas le droit* de rivaliser ainsi avec l'Allemagne. »

En un mot, on dénie à la France, comme d'ailleurs aux autres puissances qui gênent, le droit à une vie libre et inoffensive. Toute précaution est une provocation. Et ce sentiment n'est pas seulement celui d'un parti, c'est celui de la nation. L'attaché militaire ajoute avec une grande force : « Ils veulent qu'on les craigne, » et c'est là, sans doute, le mot de l'énigme : les violents ont entraîné la masse dans le piège où ils se sont pris eux-mêmes.

Cette disposition nationale, partagée par tous, est précisée dans un autre rapport de l'ambassade, daté du 19 mars 1913 et qui fait prévoir les événements de l'année suivante avec leur caractère de complète et absolue brutalité. Un intellectuel disait récemment : « Les neutres sont nos ennemis ; il faut qu'ils se prononcent. » Cette manière de poser le problème entre l'Allemagne et le reste du monde était dévoilée dans ce rapport prophétique : « Quoi qu'il en soit, disent les Allemands, nous devons être forts pour pouvoir anéantir, d'un puissant élan, nos ennemis de l'Est et de l'Ouest ; puis, dans la prochaine guerre européenne, il faudra aussi *que les petits Etats soient contraints à nous suivre ou soient domptés*. Dans certaines conditions, leurs armées et leurs places fortes peuvent être rapidement vaincues ou neutralisées, ce qui pourrait être vraisemblablement le cas pour la Belgique et la Hollande, afin d'interdire à notre ennemi de l'Ouest un territoire qui peut lui servir de base d'opération dans notre flanc... Ce sera pour nous une question vitale (on se souvient des déclarations solennelles de M. de Bethmann-Hollweg) et le but vers lequel il faudra tendre... Pour cela, il faudra concentrer une grande armée, qui déterminera les armées des petits États à nous suivre et qui les écraserait en cas de résistance armée. »

Tout est prévu, et même le résultat de cette victoire par « déchaînement ». — « Nous nous souviendrons alors que les provinces de l'ancien empire allemand : comté de Bourgogne et une belle part de la Lorraine, sont encore aux mains des Francs ; que des milliers de frères allemands des provinces baltiques gémissent sous le joug slave. C'est une question nationale de rendre à l'Allemagne ce qu'elle a autrefois possédé. »

Ce sont ces ambitions répandues et entretenues du haut en bas de la société qui ont rendu l'Allemagne tout entière complice de la guerre. Les incidents diplomatiques sont de minime importance si on ne les rattache pas à la ruée ambitieuse et convoiteuse qui soulève toute la horde. Le président du Reichstag, un vieillard, un homme qui veut passer pour grave et modéré, n'invoque pas d'autre sentiment que celui-là quand il clôt la séance mémorable où le chancelier Bethmann-Hollweg a piétiné si lourdement les traités et les engagements internationaux. Ce vieillard néglige la justice, le droit et autres balivernes pacifistes ; il se contente d'exciter le peuple et les armées à la conquête, *ad prædam*, et il savoure, d'avance, la proie et le profit : « Nous avons cette conviction, ferme comme le roc, que les champs de bataille qui seront arrosés du sang de nos héros feront germer une semence appelée à porter des fruits plus merveilleux que tous ceux que nous pouvons concevoir : les fruits d'un épanouissement, d'une résurrection, d'un renouveau de puissance de la patrie allemande. »

Dès lors, les esprits sont tournés vers la guerre, comme la solution passionnante et désirée. M. Allizé, ministre à Munich, avertit son gouvernement, le 10 juillet 1913 : « L'état de guerre, auquel les événements de l'Orient habituent les esprits depuis deux ans, apparaît, non plus comme une catastrophe lointaine, mais comme une solution aux difficultés politiques et économiques qui n'iront qu'en s'aggravant. »

* * *

Et, pour en finir avec ces préludes, les souverains menacés, et le plus intéressé de tous, le roi Albert, sont avertis par une confidence vraiment tragique. De qui? De Guillaume lui-même.

M. Cambon écrit, le 22 novembre 1913 : « Je tiens d'une source absolument sûre la relation d'une conversation que l'empereur aurait eue avec le roi des Belges, en présence du chef d'état-major général de Moltke : Guillaume II n'est plus, comme le croyait le roi Albert, le champion de la paix contre les tendances belliqueuses de certains partis allemands. Il en est venu à penser que la guerre avec la France est devenue inévitable et qu'il faudra en venir là un jour ou l'autre. Il croit, naturellement, à la supériorité écrasante de l'armée allemande et à son succès certain. (Comme tout cela est intéressant à relire aujourd'hui !)

Le général de Moltke parla exactement comme son

souverain ; lui aussi, il déclara la guerre nécessaire et inévitable, mais il se montra plus assuré encore du succès, « car, dit-il au roi, cette fois, *il faut en finir* ». M. Cambon ajoute avec sa netteté habituelle : « L'empereur et son chef d'état-major général ont pu avoir pour objectif d'impressionner le roi des Belges et de le disposer à ne point opposer de résistance au cas où un conflit avec nous se produirait... »

Le bluff tragique commençait.

* * *

Il se poursuivit jusqu'à la déclaration de guerre. On peut se demander avec l'ambassadeur si ceux qui y recoururent ne s'y sont pas laissé prendre, et si l'un des deux, tout au moins, n'avait pas l'arrière-pensée que, selon l'expression même employée dans le recueil solennel, la Russie « ne marcherait pas ».

Il y a malheureusement, ici, des lacunes regrettables dans le « Livre jaune ». Les dépêches rattachant l'œuvre de notre diplomatie à l'ensemble de la politique internationale sont rares ou peu explicites. Au point de vue français, la guerre actuelle est une guerre d'équilibre, et c'est ce qu'on ne nous explique pas. Ses origines ne sont pas rattachées, même par un mot, par une allusion, à la grave initiative prise par le gouvernement austro-hongrois lorsqu'il décida, en 1908, l'annexion de la Bosnie et de l'Herzégovine. Le jour où il prit cette initiative, le comte d'Ærenthal rompit l'équilibre européen, menaça l'indépendance serbe, ébranla le *statu quo* dans les Balkans et frappa la

Russie au visage. D'où la guerre des Balkans et, comme suite fatale, la guerre actuelle. Qui ne sait pas cela ne voit rien à l'enchaînement des choses. La diplomatie franco-russe, dans la crise présente, n'a de justification complète que si elle rappelle sans cesse ce point de départ.

**

Ceci dit, on suit pas à pas la phase diplomatique ultime dans les documents qui nous sont livrés, et on voit s'y développer, peu à peu, le plan de l'Allemagne : il consiste à garantir l'Autriche-Hongrie contre toute intervention des puissances, quand elle entend en finir avec la Serbie ; on est résolu à lui laisser « exécuter » le petit royaume seul à seul. C'est ce que l'Allemagne appelle, du mot derrière lequel elle se retranche obstinément, « localiser » le conflit.

En accomplissant ce programme qui, seul, peut lui garantir la fidélité de son alliée, l'Allemagne suit, d'ailleurs, ses propres vues : elle va vers la rupture pour son propre compte ; elle la veut, parce qu'elle entend saisir une occasion qu'en apparence elle n'a pas fait naître et qui lui paraît favorable pour faire plier l'Europe sous ses volontés ou en finir, d'un coup, avec toutes les résistances et toutes les indépendances.

A la lecture du « Livre jaune » il est permis de penser que, sur ce point, l'Autriche ne suit pas toujours son associée du même pas ; en faisant, très large, la part de sa duplicité, il semble qu'elle hésite un instant, du moins à la dernière heure. Le comte Berchtold paraît bien se demander s'il doit risquer sur cette carte l'existence de la monarchie.

L'Allemagne, au contraire, va droit au but : la guerre ou l'abaissement de l'Europe. Elle veut dominer. C'est son instinct, c'est son besoin, quoi qu'on dise et quoi qu'il arrive. Empereur, ministres, diplomates, personne ne veut se laisser prendre la main en accédant à une négociation quelle qu'elle soit. M. Sazonoff s'écrie en vain : « Jusqu'au dernier instant, je négocierai ! » Sir Edward Grey multiplie en vain les bons offices et les procédures. Tout tombe devant le parti pris arrêté à Berlin de « couper le fil ». M. Sazonoff, jamais découragé, fait encore un effort, le 30 juillet : il dit à l'ambassadeur d'Allemagne, comte de Pourtalès : « L'heure est trop grave pour que je ne vous déclare pas toute ma pensée. En intervenant à Saint-Pétersbourg, tandis qu'elle refuse d'intervenir à Vienne, l'Allemagne ne cherche qu'à gagner du temps, afin de permettre à l'Autriche d'écraser le petit royaume serbe avant que la Russie ait pu le secourir. Mais l'empereur Nicolas a un tel désir de conjurer la guerre que je vais vous faire en son nom une nouvelle proposition : si l'Autriche, reconnaissant que son conflit avec la Serbie a assumé le caractère d'une question d'un intérêt européen, se déclare prête à éliminer de son ultimatum les clauses qui portent atteinte à la souveraineté de la Serbie, la Russie s'engage à cesser tout préparatif militaire. » Le comte de Pourtalès reconnaît que cette proposition est satisfaisante. *Il promet de l'appuyer auprès de son gouvernement...* Voilà donc un arbitre, non suspect et bien informé. Le tsar fait plus encore ; il offre à Guillaume II lui-même de prendre la chose en main et d'exercer, à lui seul, la *médiation*. Il remet ses intérêts et son honneur entre les mains de son cousin.

Celui-ci est pris. Que va-t-il faire? Après une demi-journée de réflexion (30 juillet, 1 h. 20 du soir, 31 juillet), il coupe brusquement, sous prétexte que la Russie, *qui offrait d'arrêter ses préparatifs militaires*, mobilise. Affirmant qu'il exerce cette « médiation » qui lui est confiée, en fait il n'a pas levé le doigt. Il ne tient qu'à lui de détendre : il rompt.

Sans même saisir l'Autriche-Hongrie, qui, peut-être, traînerait encore, il donne à son ambassadeur l'ordre de déclarer la guerre à la Russie. Son propre état-major met immédiatement la nation en « état de danger de guerre ».

Toutes les volontés, toutes les déterminations, toutes les responsabilités sont là. L'Autriche a provoqué la guerre par l'annexion de la Bosnie-Herzégovine ; mais l'Allemagne l'a voulue pour imposer au monde son hégémonie, pour satisfaire son besoin de conquête, pour suivre un parti militaire qui ne voyait plus d'autre issue aux complications intérieures et extérieures.

Tout le prouve ; le « Livre jaune » le démontre. On attendait cet excès de lumière. Il n'est plus au monde un homme de bonne foi qui ne trouve, dans ce déroulement pathétique d'événements et d'incidents, l'action humaine et presque surhumaine de l' « esprit d'imprudence et d'erreur... ». Ce livre est, pour l'empereur et sa dynastie, un verdict, et sans doute, devant l'Histoire, une condamnation.

LXXIII. 4 décembre 1914. — La propagande pour la paix.

L'Allemagne semble désireuse de la commencer. Plusieurs journaux suisses racontent en effet qu'ils ont reçu la visite d'un M. R. Haleine, rédacteur en chef du *Journal d'Allemagne*.

Bien que se disant sans mission officielle, ce publiciste vient solliciter l'appui des grands journaux de Genève pour fonder dans cette ville un comité franco-allemand résolu à travailler au rétablissement de la paix.

Nous voilà prévenus !

Les Allemands, voyant l'échéance fatale approcher à grands pas, voudraient s'arranger avec nous tout de suite, pour profiter d'un fort escompte. Ils vont évidemment, car ce sont des gens tenaces, essayer de tous les moyens pour faire naître à Genève, dont les journaux sont rédigés en langue française, un mouvement d'opinion en faveur de la paix.

Mais cette propagande, comme toutes celles que les barbares ont entreprises depuis quatre mois, est destinée à l'insuccès. Comment M. Haleine, malgré son nom à résonnance française qui prête si bien au calembour, peut-il espérer former un comité franco-allemand ?

Le seul Français qui aurait pu peut-être en faire partie est heureusement loin de France, et il n'y a plus certainement un seul de nos compatriotes capables d'entrer en pourparlers pacifiques avec les destructeurs féroces de la Belgique et du nord de la France, avec les fusilleurs de femmes et d'enfants, avec ces hordes, qui font dans nos provinces envahies des razzias d'esclaves et qui violent un peu plus chaque fois les conventions internationales.

Avec un pareil ennemi, nous ne pouvons faire la paix que quand nous lui aurons mis le pied sur la gorge.

Le kronprinz, interrogé, aurait fait la déclaration suivante : « On m'accuse d'être le chef du parti de la guerre ; je suis véritablement fâché que les gens ne me connaissent pas mieux : il n'y a pas de parti de la guerre, en Allemagne ; il n'y en a jamais eu ! »

Les bras tombent, à entendre de si lourdes contre-vérités. Qui prétendent-ils tromper? Se trompent-ils eux-mêmes? J'aime mieux la brutale franchise de l'intellectuel Lasson : « Le faible se flatte volontiers de l'inviolabilité des traités... Il n'y a qu'une garantie : la force militaire ! »

Avis aux faibles, avis aux neutres !

Le professeur Elliott, de l'université d'Harvard, a bien raison : « La lutte contre les théories allemandes, contre le « point de vue » allemand, contre la « culture » allemande est un devoir universel : toutes les nations qui font cas des libertés publiques et qui croient à une politique fondée sur la justice, le bon vouloir réciproque, l'indépendance de l'individu, ne sauraient souhaiter rien autre qu'une défaite complète de l'Allemagne. » Il y va de l'honneur de tous les peuples, et de la cause même de la civilisation !

LXXIV. 5 décembre 1914. — L'Italie et la guerre.

Le discours de M. Salandra expose avec une grande clarté la situation de l'Italie en présence de la guerre. On dirait que l'on entend le peuple italien lui-même se consulter tout haut devant nous. Rien ne manque : un exposé clair et complet, un raisonnement ferme, un sentiment chaleureux. L'Italie, avec toutes ses qualités de bon sens, de finesse, de vivacité émotive, apparaît dans cette page vraiment historique. Je comprends le mot du député Medici : « Le discours de M. Salandra répond aux aspirations de tous ! »

Pour nous autres Français, intéressés plus que quiconque à suivre l'évolution des esprits chez notre grande voisine de la Méditerranée, ce discours est le plus passionnant des documents humains. L'angoisse patriotique qui agite l'âme de nos voisins se découvre devant nous, et nous serions indignes du grand rôle que l'histoire nous assigne dans la crise actuelle si nous ne la comprenions pas.

Un premier point d'une importance capitale est acquis : l'Italie a rompu définitivement, — et alors qu'il y avait du mérite à le faire, — avec la politique triplicienne : de ce côté, elle s'est absolument libérée. Il ne s'agit plus seulement d'interpréter telle ou telle clause d'un traité : le débat s'élève plus haut. Le ministre considère *les origines et les buts évidents du conflit*, et, se dégageant de toute autre considération, il se demande, *d'un jugement calme et libre*, ce qu'exige la sauvegarde des intérêts italiens.

La décision prise, dès le premier jour, par le gouvernement et le peuple italiens trouve aujourd'hui sa récompense : il est maître d'aborder, en toute liberté, la seconde partie du problème : la neutralité est-elle, pour l'Italie, une sauvegarde suffisante?

Ici encore, le regard jeté sur la situation par le ministre italien est aussi ferme qu'étendu : « Nous sommes en présence d'un bouleversement immense qui prend chaque jour plus d'ampleur et dont il n'est donné à personne de prévoir la fin... » « La configuration politique de l'ancien continent est en train de se transformer. » Or, sur ce champ si vaste qui, — l'orateur le fait remarquer, — comprend à la fois les terres et les mers, « l'Italie a des droits vitaux à défendre, des aspirations justes à affirmer et à soutenir » ; sa préoccupation principale est, en un mot, de « maintenir intacte sa situation de grande puissance ».

*
* *

Après cet exposé, le ministre prononce la phrase nette et sobre que des acclamations enthousiastes ont accueillie : « Il suit de là que la neutralité de l'Italie ne devra pas rester inerte et molle, mais active et vigilante ; non pas impuissante, mais fortement armée et prête à toute éventualité... »

Si l'on s'en rapporte au compte rendu télégraphié à la presse parisienne, l'effet de cette phrase fut tel qu'il dépassa, peut-être, les intentions de l'orateur : on parut croire, un instant, que le ministre était sur le point d'annoncer que l'Italie prenait parti... Mais l'orateur est maître de sa pensée. Se contentant d'indiquer le programme des revendications italiennes, il se hâte de rechercher, devant son auditoire, le moyen de le remplir.

Le moyen, c'est d'être prêt : « L'Italie, qui n'a aucun dessein d'opprimer par la violence, doit se précautionner et s'organiser, avec le plus de vigueur possible, pour n'être opprimée ni *avant* ni *après*. » *Ni avant*, cela veut dire, sans doute, en cas d'offensive dirigée contre elle ; *ni après*, ces mots visent l'heure où les comptes seront sur la table et où il s'agira de les régler.

Les appréciations relatives à cette partie capitale du discours ne sont pas toutes pareilles. Certains disent : « Ces déclarations sont le prélude de l'abandon de la neutralité » ; d'autres : « C'est un véritable cri de guerre ! » Il serait plus exact de s'en tenir à la réflexion du député Bevione, nationaliste : « M. Salandra a tracé le programme de notre action prochaine en termes lumineux. »

Cette action prochaine admet, s'il le faut, le recours à la force. Telle est la grande nouveauté du discours ; et, sur ce point, M. Salandra a été très catégorique : « Si l'empire du droit cesse, la force demeure l'unique garantie du salut d'un peuple. »

Une politique qui peut avoir des conséquences si graves entraîne, pour un peuple, de lourdes responsabilités ; et cela, l'orateur ne l'a pas caché davantage : les sacrifices en hommes, la vaillance italienne ne les marchandera pas ; mais il faut tenir compte aussi des sacrifices en argent, de la préparation économique et financière.

Sur ce point, M. Salandra n'a pas dissimulé qu'une crise existe, avec un renchérissement de toutes les matières nécessaires à la vie ; il a fait allusion à certaines difficultés financières ; enfin, il a réclamé hautement « une paix intérieure assurée à tout prix ». Ce sont là, en quelque sorte, des sourdines que la sagesse de l'orateur croit devoir apporter au vigoureux accent de son discours. Au moment où la Chambre avait à se consulter, avec « le souci vigilant des intérêts italiens dans le monde », le chef responsable ne pouvait laisser dans l'ombre cet ordre de considérations.

**

Voilà donc le tableau ; il est complet ; et si on tient compte des manifestations qui se sont produites, notamment en l'honneur de la Belgique, on comprend le succès obtenu par le président du Conseil. Sa parole exprimait les sentiments qui animent le peuple tout entier ; c'est pourquoi elle a touché le cœur de l'Italie.

Il aura, dans le monde entier, un grand retentissement.

En France, nous ne pouvons que suivre avec émotion les grandes perplexités exposées par le président du Conseil. L'attitude du peuple et du Parlement italiens témoigne de sympathies qui nous touchent au cœur...

Attendons, maintenant, l'effet que ce beau discours va produire à Vienne et à Berlin.

LXXV. 6 décembre 1914.
Le prince de Bülow ambassadeur à Rome.

La nomination du prince de Bülow à l'ambassade de Rome a dû coûter beaucoup à l'amour-propre du kaiser.

Le prince de Bülow est le seul Allemand, en effet, qui, depuis Bismarck, ait osé lui tenir tête en public et tenté de refréner sa terrible et redoutable loquacité. Depuis le débat fameux suscité par l'interview du *Daily Telegraph*, le « cher Bernard » est devenu *persona ingrata*.

Le disert et spirituel diplomate qu'est le ministre avait compris qu'il ne lui restait qu'à bouder élégamment dans son beau palais romain, et il y attendait son heure, — tel Choiseul à Chanteloup.

Cette heure est sonnée, et quand la partie est, pour ainsi dire, perdue, on l'appelle. Est-ce un premier échelon? La rentrée en grâce sera-t-elle le signal d'un prochain retour au pouvoir? Le chancelier qui asséna à son empereur la fameuse douche : « La sensation profonde et la douloureuse impression produites par ces confidences (il s'agit de l'interview) conduiront Sa Majesté l'Empereur à observer *désormais*, dans ses entretiens privés, cette réserve qui est aussi indispensable pour une politique suivie que pour l'autorité de la Couronne », — l'homme qui s'est exprimé ainsi voit le gouvernement impérial s'adresser à lui, au temps de la détresse, pour une œuvre de salut, qui est peut-être

« au-dessus des forces humaines » : ramener l'Italie vers le passé avec lequel elle a rompu et réclamer d'elle l'exécution du traité de la Triplice.

Car le prince de Bülow lui-même a posé le dilemme en toute sa rigueur. Dans son livre, *la Politique allemande*, il écrit : « *L'Autriche et l'Italie ne peuvent être qu'alliées ou ennemies.* »

S'il s'agit de définir le champ ouvert au diplomate chancelier et les ressources dont il dispose pour accomplir ce « grand œuvre », il est inutile de chercher à deviner les instructions qui peuvent lui être données de Berlin. Il se les est tracées à lui-même : « Il y a des politiciens, dit-il, qui hésitent à attribuer une vraie valeur à la présence de l'Italie dans la Triple-Alliance. Ils doutent que l'Italie soit en mesure et qu'elle ait le désir de marcher la main dans la main avec l'Autriche et avec nous dans toutes les complications éventuelles de la politique internationale... » Même si ces doutes étaient fondés, ce qui n'est pas le cas, étant donnée la loyauté des facteurs dirigeants de l'Italie et l'intelligence politique du peuple italien, ils ne démontreraient pas absolument que la participation de l'Italie à la Triple-Alliance est dénuée de valeur... « Tout dépendra *de la façon dont se posera éventuellement une cause de conflit en Europe, de la vigueur que nous montrerons au point de vue militaire et des résultats qu'obtiendront nos soldats et nos diplomates.* La valeur suprême d'une alliance ne s'éprouve qu'en cas de guerre... »

Or, l'Italie a déjà porté son jugement sur « la façon dont s'est posée la cause de conflit en Europe », puisqu'elle a proclamé sa neutralité ; elle doit être renseignée, par les résultats obtenus après quatre mois, sur l'ascendant militaire que l'Allemagne croyait, de bonne foi, lui appartenir ; enfin, et surtout, elle a pu apprécier « l'œuvre des diplomates » allemands.

Ils ont trouvé moyen de grouper six puissances en une union indissoluble contre l'Allemagne ; ils ont faussé le ressort de la Triple-Alliance, si bien que l'Italie a pu légitimement rester neutre ; ils ont tourné contre eux l'opinion universelle.

C'est de là que le prince de Bülow doit partir, pour redresser et réparer les étonnantes erreurs de ses successeurs. Réussir serait pour lui la plus belle des vengeances... Mais est-il de taille à se mesurer avec une tâche si difficile? Le génie de Bismarck, lui-même, n'y eût peut-être pas suffi !

LXXVI. 10 décembre 1914.
Pour nos missions d'Orient.

Paul Bourget a repris, dans l'*Echo de Paris*, avec la puissance de sa pensée et de sa parole, la question de nos rapports avec le Vatican.

Bourget voit les choses sous l'angle philosophique ; j'essaie de les étudier dans leur réalité pratique. Qu'on me permette d'y revenir ; il y a tout avantage à insister sur un sujet qui est certainement au premier plan dans les préoccupations de l'opinion et dont il ne faut pas croire qu'on puisse se débarrasser par le silence.

Je tiens à préciser un point, à savoir que je n'ai

nullement songé à réclamer le rétablissement de notre ambassade auprès du Saint-Siège. Seul un vote du Parlement pourrait le faire; et je reconnais que les Chambres ont d'autres soucis que de rouvrir le débat de doctrine inhérent à une telle proposition.

Ce que je demande, c'est que le gouvernement n'hésite pas à engager avec Rome une conversation, utile autant qu'opportune, sur deux sujets qui sont en rapport avec les circonstances actuelles, à savoir la défense de nos missions dans l'Empire ottoman et la lutte contre les influences germaniques à Rome et dans tout le monde catholique.

Le champ me paraît ainsi parfaitement circonscrit.

Pas un Français n'ignore que l'influence française en Orient est sur le point de subir un terrible échec, du fait de la guerre actuelle et de la part qu'y prend la Turquie. L'empereur Guillaume, quand il accomplit son fameux voyage à Jérusalem, préparait, de loin, ce coup; par un mouvement tournant sur le terrain religieux, il comptait s'assurer une victoire nationale et économique; menant, à la fois, la double campagne des Lieux Saints et du chemin de fer de Bagdad, il tentait de se substituer à nous dans l'habile et sage politique qui, depuis François Ier, nous avait fait, par l'alliance turque et par la protection des chrétiens, les maîtres occidentaux des choses de l'Orient.

Nous avons commis bien des fautes; mais je ne crois pas qu'il y en ait une plus grave que d'avoir laissé la voie libre à ce dangereux rival, et de nous être laissé entraîner aux polémiques intérieures et extérieures qui eurent pour conséquence de nous faire abandonner nos traditions et nos intérêts méditerranéens. Un peu par la force des événements, beaucoup par suite de nos fautes, nous nous trouvons maintenant en guerre avec Constantinople et en rupture avec Rome. Les grandes influences religieuses nous échappent, tandis que notre histoire s'était épuisée à nous les assurer.

Le mal n'est pas irréparable, mais il y a urgence, si l'on veut, dans la mesure du possible, y remédier.

Nous sommes en présence d'un danger immédiat. Le protectorat catholique s'effondre, menaçant d'écraser, sous sa ruine, des œuvres prospères, d'entraîner, dans sa chute, des dévouements sans nombre et irremplaçables. Or, puisque la France ne peut agir, il n'y a plus, au monde, qu'une autorité qui puisse défendre ces œuvres catholiques et françaises : c'est la papauté.

Assurément, elle a vu l'étendue de la perte que serait, pour elle, la ruine des chrétientés d'Orient. Une occasion unique lui est fournie de rentrer de plain-pied dans les grandes affaires européennes et d'étendre sur la civilisation occidentale et chrétienne la main qui protège... Quel effet produirait, en ce moment, un geste de Rome !

Certes, le pasteur n'abandonnera pas le troupeau. Mais encore faut-il qu'il soit renseigné, averti, aidé. Or, qui peut lui désigner les œuvres, sinon ceux qui les ont fondées ; qui pourvoira au présent et à l'avenir, sinon ceux qui ont pourvu au passé? Une collaboration intime et vigilante s'impose. Ni Rome ni la France ne peuvent se dérober à ce devoir commun. Quel inconvénient pourrait-il y avoir, même aux yeux du plus farouche de nos sectaires, à ce qu'un homme éclairé, un fonctionnaire compétent et renseigné, un diplomate expérimenté, soit chargé d'étudier, au grand jour, avec le Vatican, les moyens de sauver ce qui peut être sauvé ?

Et quel inconvénient y aurait-il même à ce que cette mission fût un peu élargie et à ce qu'elle s'opposât aux efforts faits par la propagande autrichienne et allemande dans le monde catholique universel, — et à Rome même ?

* *
*

Rome est, actuellement, un centre diplomatique de la plus haute importance. Toutes les parties belligérantes y renforcent leurs équipes. L'Angleterre y envoie M. Howard ; l'Allemagne vient de nommer, à son ambassade, le personnage civil le plus important de l'Empire, le prince de Bülow. Certes, notre propre ambassade suffit à sa tâche ; mais le point de vue change selon que les yeux sont tournés vers le Vatican ou vers le Quirinal, et personne ne s'étonnerait de nous voir obéir à ces nécessités urgentes qui nous forcent à renforcer nos moyens d'action.

J'écarte, de parti pris, la question religieuse ; je me place uniquement au point de vue national. C'est ce qui me permet de parler franchement et de poser droitement la question devant l'opinion. Combien lourdes seront les responsabilités de ceux qui, à tant d'autres ruines, laisseraient s'ajouter celle de nos œuvres d'Orient sans avoir seulement essayé de recourir à la seule autorité qui puisse maintenant les défendre ! J'adjure le Parlement, j'adjure le gouvernement de bien comprendre l'étendue de leurs devoirs à l'heure même où il suffirait de s'y tenir strictement pour s'attirer des titres durables à la reconnaissance publique.

M. André Bellessort vient de publier, dans la *Revue des Deux Mondes*, un article où il expose le péril que courait l'influence française au Japon du fait de la concurrence récente des établissements catholiques allemands : « Grâce à nos missions étrangères, nous avions, dans chaque ville et dans bien des campagnes, un Français qui enseignait le français, qui réagissait contre les influences antifrançaises et dont les efforts associaient indissolublement l'image de la France à celle du désintéressement et de l'abnégation... Ces dix dernières années ont vu les Jésuites allemands organiser une Université au cœur de Tokio, les Pères du Verbe divin allemand, qui sont nos ennemis les plus acharnés, s'installer sur la côte occidentale, et les Franciscains allemands dans l'île d'Yeso... Le supérieur de nos Marianistes, un Alsacien, était venu trouver notre ministre des Affaires étrangères, au moment où l'on supprimait la maison où les frères se recrutaient : « Ce n'est pas nous que vous frappez, monsieur le ministre, c'est la langue française ! J'ai encore des Alsaciens ; après eux, je serai réduit à m'adresser à des Allemands !... » (Des Allemands, défenseurs de la culture française : nous avons failli voir cela !) Et le ministre, qui connaît l'Extrême-Orient, avait levé les bras au ciel : « Je sais, je sais ; mais que puis-je ? »

Vous pouvez, monsieur le ministre ; il suffit de vouloir.

En ces heures de péril grave, ce patrimoine est à défendre, comme les autres.

Un effort sur vous-même, et les résultats suivront ! La collaboration de Rome et de la France dans une œuvre de salut commun, quelle union plus grande au monde? Il s'agit d'un sacrifice modeste pour un résultat considérable. Tous les Français le pensent, l'immense majorité le désire : interrogez autour de vous. Quelles fausses terreurs, quelle aveugle obstination vous détourneraient de ces devoirs urgents?

LXXVII. 11 décembre 1914. — La belle revanche.

C'est un superbe et éclatant succès que celui que vient de remporter la flotte anglaise aux îles Falkland, en détruisant deux des plus grands croiseurs allemands, le *Scharnhorst* et le *Gneisenau*, ainsi que le petit croiseur *Leipzig*. Quelle belle vengeance de la récente destruction, par les mêmes croiseurs allemands, de quatre unités navales anglaises ! L'amiral Sturdee a mené de main de maître la campagne de poursuite et d'enveloppement qui s'est terminée par ce brillant fait d'armes. Malgré la puissante artillerie des deux principaux navires ennemis, ils ont été coulés sans que la flotte anglaise ait subi de pertes sérieuses. Toute l'opération est un chef-d'œuvre de tactique navale, et les marins allemands sont avertis désormais qu'ils ne peuvent tenir longtemps la mer quand les forces anglaises se mettent à leur poursuite. Avis aux flottes allemandes de la mer du Nord !

Les mines, les sous-marins, les attaques par surprise peuvent causer, dans les flottes alliées, des pertes déplorables. Comment échapper aux coups d'un ennemi caché? Mais la supériorité britannique s'affirme chaque fois que les rencontres ont lieu au grand jour.

Seuls, quatre croiseurs allemands, le *Nurnberg* et le *Dresden* — qui ont échappé au désastre des îles Falkland et qui n'échapperont pas longtemps au sort qui les attend, — et, en plus, le *Karlsruhe* et le *Bremen* subsistent actuellement, en dehors des eaux de la mer du Nord. Il faut ajouter, à cette liste modeste, les paquebots armés en croiseurs *Prinz-Eitel-Friedrich* et *Kronprinz-Wilhelm;* ils peuvent s'en prendre encore à quelques navires de commerce : ils ne resteront pas longtemps en liberté.

Ainsi la mer sera entièrement purgée des bâtiments de guerre que l'Amirauté allemande avait échelonnés, en vue d'une guerre prochaine, sur les grandes voies du monde pour courir sus au commerce.

Morte la bête, mort le venin ! Le monde est libre, sur les océans, grâce aux forces combinées des puissances alliées — car des navires japonais et français paraissent avoir contribué au vaste encerclement qui a traqué les plus fortes unités de la flotte de l'amiral von Spee.

Quant au fait d'armes lui-même, il est tout à l'honneur de la flotte britannique, et c'est vers elle que vont les félicitations enthousiastes de la marine et de la nation françaises !

LXXVIII. **13 décembre 1914.** — **Pour garder leur mémoire.**

En lisant cette nouvelle série de citations à l'ordre du jour, parue hier à l'*Officiel*, une dame qui appartient à une famille militaire et qui a vu la guerre de 1870, me disait : « Ah ! les braves enfants ! Ils sont, tous, des héros ! »

En voici quelques-uns au hasard — officiers ou soldats, — car, dans ces listes, tous les rangs sont confondus ; c'est l'égalité devant le courage et, trop souvent, l'égalité devant la mort : jamais le rêve démocratique n'a été si beau. — Voici donc quelques extraits de cette magnifique littérature militaire qui évoque Eschyle, Plutarque, la Vie des Saints, ce qu'il y eut de plus grand dans l'humanité.

J'ai dit Eschyle ; vous vous souvenez du soldat athénien dont les mains furent coupées, comme il retenait une barque des Perses à Salamine.

Lisez :

« Grimault, sergent au 70ᵉ d'infanterie ; ayant eu trois doigts emportés, a refusé de se laisser évacuer. »

J'ai dit Plutarque ; il faudrait tout citer. Voici seulement quelques traits, au hasard :

« Barrois, soldat au 306ᵉ d'infanterie, ayant été blessé grièvement, s'est écrié avant de tomber : « Je « suis touché, mais il faut que j'en tue encore un ! Vive « la France ! »

« Flamand, capitaine au 298ᵉ régiment d'infanterie,

a fait preuve d'une bravoure rare et de grandes qualités de commandement aux combats des 6 et 7 septembre. A enlevé à la baïonnette, le 7, avec sa compagnie, une tranchée ennemie, faisant 26 prisonniers et s'emparant d'un drapeau prussien. Voulant ensuite forcer la deuxième ligne sur laquelle l'ennemi s'était replié, s'est élancé en avant de ses hommes en s'écriant : « Encore un effort ! mes enfants. Nous les « tenons ! » Mortellement frappé, il donne l'ordre aux soldats qui l'entouraient de le laisser et de continuer d'avancer. Il expira quelques instants après, en serrant la main de son fourrier demeuré seul auprès de lui. »

Qui ne pleurerait ?

« BLANDIN, capitaine au 140e d'infanterie : coupé de son régiment et grièvement blessé dans un combat qu'il avait livré avec les quatre cents hommes qu'il conduisait, a refusé de se laisser emporter, en disant à son lieutenant : « Le salut de la compagnie seul « importe, prenez le commandement et continuez ! »

J'ai dit la Vie des Saints :

« FAIVRE, brigadier fourrier réserviste au 11e régiment de dragons ; le 10 octobre 1914 a attaqué à pied un village, étant agent de liaison entre le colonel et les groupes les plus exposés, a rempli très crânement sa mission, s'est retiré le dernier d'une ligne de tirailleurs presque complètement fauchée ; puis, au cours d'une retraite très dangereuse, a soigné deux de ses camarades, sur l'un desquels il a laissé son propre manteau. » Saint Martin n'avait donné que la moitié du sien.

« Ce sont tous des héros ! » : la dame avait raison.

Mais, puisque notre génération assiste à de tels actes, entend de telles paroles, qui l'illustreront à jamais devant les hommes et devant l'histoire, pourquoi ne travaillerait-elle pas à perpétuer le nom et le souvenir de ces braves gens?

La « citation » doit être permanente et servir d'exemple à ceux qui viendront. Il faut tenir, autant que possible, le moral de la nation à cette hauteur. Et voici ce que proposait la personne enthousiaste et ingénieuse qui venait de lire ces listes magnifiques :

— « Pourquoi, dans chacun des villages, des bourgs, des villes où ils sont nés, ne donnerait-on pas à une place, à une rue, le nom des vaillants qui ont servi si noblement leur pays? Les familles de ceux qui sont morts auront cette consolation permanente dans leur douleur. Les enfants liront ces inscriptions et la voix publique leur expliquera le perpétuel hommage de la patrie reconnaissante.

« Ainsi, à jamais, leur gloire individuelle durera : livre plus éclatant qu'un livre d'or, sous le grand jour, en pleine lumière.

« Comme la France sera belle quand elle se montrera ainsi revêtue et comme pavoisée de tous ces exploits ! »

LXXIX. **16 décembre 1914.** — **La victoire serbe.**

La magnifique victoire remportée par les Serbes a cela de caractéristique qu'elle n'est pas le simple fait d'un choc militaire heureux, mais qu'elle résulte d'un plan stratégique parfaitement conçu et parfaitement exécuté.

L'état-major austro-hongrois avait réuni des forces considérables pour en finir, d'un seul coup, avec le « petit » royaume tant détesté : on spéculait déjà sur cette conquête, présumée facile, pour servir d'entrée de jeu aux négociations de la paix. La Belgique, d'une part, la Serbie de l'autre, tels étaient les avantages parallèles réclamés par les deux empires germaniques ; l'occupation ne créait-elle pas le « fait accompli »?... Oui, mais il fallait l'accomplir.

On rassemble donc les troupes massées en Bosnie et Herzégovine, on dégarnit la frontière italienne, on envoie sur la ligne de feu les recrues nouvelles, les régiments des garnisons intérieures, toutes les forces disponibles ; et on constitue ainsi, sous le commandement du général Potiorek, une puissante armée qui compte bien ne trouver aucune résistance sérieuse dans un pays éprouvé par une longue guerre et auquel les munitions et l'argent font défaut.

La sagesse de l'état-major et du gouvernement serbes fut de ne pas attendre les armées austro-hongroises sur un terrain peu propice et de savoir sacrifier la capitale et une grande partie du pays pour sauver le pays lui-même. Effectuant une magnifique retraite stratégique, ils laissent Belgrade et même Valiévo ; ils se replient de la rivière Drina derrière la rivière Kolubara, et tandis que l'armée austro-hongroise occupe, sans coup férir, les régions qui lui sont abandonnées, ils se fortifient sur les positions que l'état-major avait préalablement choisies. Vienne pavoisait pour la prise de Belgrade au moment même où la lutte s'engageait.

On sait le résultat. L'immense armée autrichienne est battue à plate couture ; au cours d'une déroute sans précédent, elle recule, d'un bond, jusque sur la frontière, laissant entre les mains des Serbes plus de 30 000 prisonniers, un énorme matériel, canons, caissons, approvisionnements de toutes sortes. Après un vain combat d'artillerie aux portes de Belgrade, les arrière-gardes autrichiennes fuient à l'approche des avant-postes serbes.

Les Serbes ont raison de comparer cette magnifique manœuvre à celle qui valut, à l'armée française, la victoire de la Marne. La méthode est la même : tout sacrifier au résultat final ; les qualités sont les mêmes : sang-froid, bravoure, résolution énergique dans le commandement et parmi les troupes.

Les Serbes peuvent être fiers : ils ont, par eux-mêmes, par leurs seules ressources, donné un coup de barre décisif pour l'orientation des choses européennes.

Militairement, l'ascendant qu'ils ont pris sur les armées autrichiennes aura des conséquences incalculables. Le « règlement militaire » français dit que l'objet de la guerre est *de briser la volonté* de l'ennemi. Or, la volonté autrichienne, — c'est-à-dire l'orgueil autrichien, — vient de subir la plus grave atteinte : c'est être vaincu que de s'avouer à soi-même que l'on ne peut pas vaincre.

Diplomatiquement, le résultat ne sera pas moindre : la Serbie prouve, une fois de plus, qu'elle est digne du grand rôle que la Destinée lui réserve. La conquête de la Bosnie et de l'Herzégovine et des districts circonvoisins doit être logiquement la suite de la victoire de la Kolubara ; ainsi la Serbie deviendra maîtresse de territoires qui lui permettront d'aborder, dans un très large esprit d'arrangement, la question si grave, à l'heure actuelle, de la reconstitution du bloc balkanique. Elle négociera, si j'ose dire, les mains garnies.

Je viens de recevoir d'un certain nombre de députés serbes, représentant à peu près tous les partis politiques dans la Skoupchtina, un télégramme qui m'a touché infiniment et que je m'honore de publier :

« Nisch, *via* Marseille-Malte.

« *G. Hanotaux*, Figaro, *Paris*.

« Les soussignés, députés de la Skouptchina nationale, s'empressent de vous adresser leurs plus cordiaux remerciements au sujet du bel article que vous avez publié dans le *Figaro* où vous déclarez que nos alliés en Europe, avec lesquels la Serbie se bat aujourd'hui en faisant les plus grands sacrifices pour la victoire du droit et des principes d'humanité sur règne de force brutale, tiennent en premier lieu à assurer la liberté et l'indépendance des nations.

« Nous nous réjouissons vivement d'avoir trouvé en vous un fervent partisan de ce que nos grands alliés ne consentiront jamais à entrer en négociations qui frustreraient les vainqueurs de la première guerre balkanique des fruits de leurs victoires. Comprenons fort bien que nos alliés soient intéressés à la formation du bloc balkanique que la Serbie désira toujours sincèrement, et serions heureux si les autres États balkaniques, dont les intérêts sont indirectement mis en cause par l'attaque de l'Autriche contre la Serbie, se joignent à nous. La communauté des intérêts vitaux des États balkaniques, qui commande impérieusement la formation du bloc, exige que leur solidarité se manifeste par une action commune et que tous ces États prennent une égale part dans la lutte contre leurs ennemis séculaires pour assurer l'indépendance des Balkans.

« Seules, les conquêtes dues à une action commune seront durables et le bloc balkanique, créé sur le champ de bataille contre les deux grandes puissances soi-disant civilisées qui provoquèrent la guerre européenne, sera seul un rempart puissant contre les influences étrangères qui, jusqu'à ce jour, ont enrayé et entravé le développement, la marche en avant, le progrès et la prospérité des États balkaniques.

« Les soussignés, en vous adressant leurs plus chauds remerciements pour la part active que vous prenez à la juste et noble cause de leur patrie et leurs sentiments respectueux, vous prient d'agréer leurs hommages sincères et reconnaissants. »

(Suivent les quarante signatures.)

J'éprouve quelque embarras à recevoir, en particulier, un témoignage qui s'adresse, en réalité, à la presse française. Celle-ci, en effet, n'a pas cessé de soutenir la cause de nos alliés des Balkans ; elle a parfaitement compris le danger de négociations prématurées qui les eussent vaincus, en quelque sorte, avant la bataille et les eussent livrés, découragés, pantelants, à leurs ennemis. La Serbie, dans l'immense péril où elle se trouvait, avait besoin, par-dessus tout, de réconfort, c'est-à-dire de fidélité. Était-ce l'heure de lui imposer les sacrifices les plus douloureux, tandis qu'elle luttait pour la cause commune, qu'elle attirait, sur son territoire, une formidable armée autrichienne, et qu'elle se préparait à asséner le coup de massue qui allait décimer les réserves austro-hongroises?

Dès l'origine du conflit actuel, les Belges, les Anglais, tous ont donné l'exemple : ils ont compris que dans de telles circonstances, il faut savoir tout sacrifier à l'honneur. Abandonner la Serbie au moment le plus critique pour elle, eût été une action déshonorante... sans compter que rien n'eût été changé, sans doute, au cours des événements.

La victoire des Serbes met les choses au point.

Le bloc balkanique va-t-il se reconstituer aujourd'hui? On ne peut encore dire quel parti prendra la Bulgarie. Un correspondant du *Journal des Balkans* écrivait de Sofia, il y a quelques jours : « Il est trop tôt pour dire quel sera le geste du peuple bulgare; mais il sera magnifique ! » D'autre part, une interview attribuée, par un journal allemand, au feld-maréchal von der Goltz, vante « les bonnes relations de la Bulgarie et de la Turquie ».

Un prochain avenir nous éclairera. Mais la Serbie et les puissances alliées sont en mesure d'aborder maintenant dans les dispositions les plus raisonnables et les plus équitables, la situation, si compliquée soit-elle, qui se présente dans les Balkans. La Roumanie et la Grèce, la Bulgarie elle-même, ont, avec la Serbie, une communauté d'intérêts qui présente une base excellente pour la formation du bloc balkanique. La Turquie et l'Autriche-Hongrie offrent, par contre, des compensations si magnifiques que toutes les aspirations légitimes trouveront à se satisfaire amplement.

LXXX. 19 décembre 1914.
La journée des lettres.

La journée de jeudi a été consacrée à l'idéal. M. Étienne Lamy et M. Maurice Donnay ont défendu, devant l'Académie française et devant l'opinion du monde, la culture française et la vertu française. Le ton diffère un peu de celui des intellectuels allemands. Ce ne sont pas ces affirmations dures, froides et sèches : non, ce sont des propos fins, délicats, choisis.

M. Maurice Donnay, dans ce langage exquis qui est le sien, a fait une apologie charmante de la gaieté.

Il faut relire ces belles phrases bien scandées, sonnant comme des fanfares : « C'est le droit, la justice, la liberté qui appellent, et chacun répond : « On y va !... » « Nos soldats s'en vont, l'éclair aux yeux, le sourire aux lèvres, les roses au fusil ; ils s'en vont dans la lumière du bel été, sans cris, sans bravades ; ils n'ont que l'ambition d'être des héros anonymes... Dans les tranchées, ils sont gais, ils ont de l'esprit, des mots à l'emporte-boche ; ils chantent *la Marseil-*

laise et *Rosalie...* dignes de ces généraux dont on ne nous dit pas assez les noms, que passent sous silence, dans leur chaleur peu communicative, les officiels communiqués. »

Il y a du gavroche dans tout bon soldat français, et Maurice Donnay n'a pas tout à fait oublié Montmartre pour chanter leur héroïsme. La froide Coupole s'animait à l'écho sonore et clair des ces rires où il y avait des larmes.

Ah! les braves gens. Ah! le bon pays, la France! Qui ne comprend ceux qui meurent, là-bas, en s'écriant avec amour, comme le pauvre petit soldat, cité à l'ordre du jour : « C'est que je l'aimais tant, la France ! »

Puisque cette journée fut consacrée aux lettres, je voudrais que l'on n'oubliât pas trop nos pauvres hommes de lettres, qui prennent aussi la part des souffrances nationales en supportant bravement les rigueurs de l'hiver, et qui trouvent, eux aussi, même ici, en pleine ville animée et vivante, leur *morte-saison*.

Un comité s'est fondé à Paris, sous la présidence de Gustave Geffroy, pour venir en aide aux écrivains, aux journalistes, à tous les « déplumés » qui hier vivaient tant bien que mal — plutôt mal que bien, — de leur plume.

« La bise est venue. » La cigale n'a plus le moindre grain de mil ; elle va, frileuse, le long des rues. Que les fourmis songent un peu à elle ! Aidons les gens de lettres ; envoyons quelque obole au comité présidé par Gustave Geffroy !

Si, parmi ces pauvres hères qui, dans la tradition de leurs aînés, — qu'ils s'appellent Villon ou qu'ils s'appellent Verlaine, — n'ont ni logis ni pitance, il en est qui souffrent trop, allégeons leurs souffrances ! Car ils gardent, sous leur mince veston, comme un bout de drapeau déchiqueté, un lambeau sacré de l'idéal français.

Les paroles qui nous consoleront, les rythmes qui berceront les générations futures, ils les scandent timidement de leurs doigts gourds. Ces gentils oiseaux de France, ils ont faim, ils ont froid. Si quelque douceur de la générosité française allait jusqu'à eux, avec Noël qui vient, elle ranimerait leur muse dolente... Nos soldats n'ont pas besoin seulement du bon ravitaillement que leur distribue l'intendance ; il leur faut aussi des vers et des chansons : *Rosalie* et *la Marseillaise;* sans cela, ils se battraient, non avec moins de courage, certes, mais peut-être avec moins d'entrain, pour la France ?

LXXXI. 22 décembre 1914. — Victoire « française ».

S'il était possible de préciser, devant la nation, les admirables mérites de l'armée depuis le plus grand chef jusqu'au plus humble des soldats, elle serait dans un état de fierté qui la remuerait jusqu'aux moelles et qui lui donnerait la certitude, non seulement de la victoire, mais d'une victoire spécialement « française ».

Certes, tous les Alliés y contribuent avec le même élan, le même entrain qui animent nos propres soldats. Le dévouement des Belges, la résistance des Anglais, l'énergie des Russes, la fougue réfléchie des Serbes apportent, chaque jour, leur contribution à l'œuvre commune. Mais nous avons bien le droit de dire que l'armée française a la tâche la plus lourde et que sa préparation est la plus complète.

L'état d'héroïsme constant où elle se tient, à tous ses rangs et sur tous les points où elle opère, lui permettra de répéter, dans l'offensive, les miracles qu'elle vient d'accomplir dans la défensive. Le jour, qu'elle voudrait prochain, où le signal lui sera donné, elle se portera de l'avant avec la même force irrésistible qui l'animait quand le général Joffre lui dit : « Assez reculer, maintenant, il faut tenir et vaincre. »

Des récits très précis que l'on peut recueillir maintenant, il résulte que cette volonté qui, venant du haut commandement, pénétra dans tous les rangs, ne date pas seulement du 5 septembre, comme on l'a dit, mais du 31 août. A partir de cette date, le généralissime avait pris sa résolution. L'un des chefs qui reçut les premiers ordres dit qu'on ne peut imaginer la joie et la confiance qui se répandirent, dès lors, dans l'âme de « ceux qui savaient ». Il traduisait ce sentiment dans cette parole vraiment militaire : *Nous nous sentîmes commandés.*

Eh bien ! ce qui a été est et sera. L'armée est *commandée*, elle le sait ; quand toutes les chances seront réunies, un ordre viendra et, du haut en bas de l'échelle, tout le monde obéira. Jamais la France n'aura connu de plus belles heures !

Je ne prends pas seulement à témoin l'opinion des chefs, qui vont répétant : « Nous pouvons tout demander à nos hommes. » Mais les conversations rapides cueillies au vol, en quelque sorte, auprès de la troupe, sont toutes du même ton : « Où l'on voudra, quand on voudra. Nous sommes prêts ! »

Hier encore, je m'étais arrêté dans une de ces carrières, qui sont à proximité du champ de bataille. Un petit poste de téléphonistes y était installé ; trois ou quatre hommes y veillaient, faisant leur popote, brossant les bottes et les vêtements, attentifs à la sonnerie et aux « Allo ! Allo ! » qui ne leur laissaient guère de repos. Eh bien ! ces braves enfants, l'allure martiale et calme, voués plutôt, par leurs fonctions, à une sorte d'immobilité, frémissaient de l'impatience d'être *ailleurs*, — plus près encore de la ligne de feu. « Qu'on les voie donc un peu, ces sales Boches ! »

Déjà, dans le monde entier, l'armée française a confirmé l'honneur de nos armes. Les neutres admirent cette fermeté, cette ténacité qui, — malgré certaines lacunes qui en eussent certainement découragé d'autres, — ont rompu l'élan innombrable des cinquante-trois corps d'armée allemands, usé leur prestige, leur ascendant, leur offensive, les ont plongés dans cette incertitude et ces hésitations, préludes des prochaines défaites. La longue « bataille des Flandres » apparaît, maintenant, comme un succès plus décisif encore que la victoire de la Marne. Celle-ci, en effet, était un choc en retour contre une armée à demi épuisée ; l'autre a été l'usure méthodique et voulue de la plus puissante machine à vaincre qui ait jamais été préparée dans le monde. C'était là-dessus qu'ils comptaient tous, les Guillaume, les Moltke, les Bernhardi ! Quand une fois ces organismes monstrueux se jetteraient sur les lignes ennemies quelles qu'elles fussent, celles-ci seraient enfoncées. Eh bien ! c'est la machine qui se détraque à ce jeu. Le moins que l'on puisse dire, c'est qu'elle est réduite à l'impuissance. Une heure prochaine nous apprendra avec quel art on a su ménager nos ressources, entraîner nos hommes, préparer nos réserves, amasser les moyens de vaincre. Ah ! non, ces trois mois n'ont pas été du temps perdu. Il fallait un tel délai pour que les avantages de l'organisation et de l'ascendant changeassent de camp.

Maintenant, nous avons une nouvelle armée française, et derrière elle, on en trouverait une autre encore. La victoire sera une victoire « française ».

Et c'est pourquoi j'hésite à suivre mon excellent ami Pichon, dans la campagne qu'il mène, avec autant de talent que de persévérance, pour faire pressentir l'intervention d'une armée japonaise. N'y aurait-il pas quelque inconvénient à laisser entrevoir, de notre part, comme une semi-défaillance, quand c'est tout le contraire qui est la vérité?

Certes, les Japonais ont rendu à la cause des Alliés un grand service, en apportant le concours de leur adhésion spontanée à la cause de la libération universelle. Le Japon est à la tête de la civilisation orientale : dans le grand duel historique, rien n'était plus précieux que cette assistance lointaine. Les liens qui se sont formés entre les six pays alliés sont de ceux qui auront, sur l'avenir, des suites durables. Mais pourquoi demander à nos vaillants amis un concours prématuré? Ils ont leur tâche et nous avons la nôtre. Gardons-les comme une réserve au cas où des événements tout à fait imprévus rendraient leur intervention réellement indispensable.

Nous n'en sommes pas là. Un contingent de 250 000 Japonais pèserait-il dans la balance militaire européenne d'un poids assez lourd pour devenir décisif? On évalue les forces mobilisables, chez les puissances alliées européennes, à dix ou douze millions d'hommes. Proportionnellement, deux cent cinquante mille hommes ne suffiraient pas pour relever la fortune si elle chancelait. Et nous perdrions peut-être l'avantage, — si nécessaire pour le sort de la paix future, — d'avoir fait nos affaires *nous-mêmes*. Les Japonais, qui se connaissent en héroïsme, comprendront dans quel esprit ces lignes sont écrites.

Les forces alliées tiennent le gage de la victoire. Belges, Anglais, Français d'une part, Russes et Serbes d'autre part, cela suffit, tout le monde le sent maintenant, en tout cas tout le monde en sera persuadé demain, et les Allemands non moins que les autres. Qu'ils pavoisent à Berlin pour le bombardement de quelques villes ouvertes et pour des victoires incertaines dans des pays anonymes. Ils sont comme les voyageurs qui chantent en traversant les bois ; ils veulent se donner du courage et, pour une fois encore, l'illusion de la victoire ; au fond du cœur, ils se sentent vaincus.

Demandez aux Autrichiens d'expliquer leur défaite en Serbie et leur honteuse fuite de Belgrade ; ils allèguent piteusement qu'ils ont eu faim ; ils ne veulent pas avouer que le cœur leur a manqué devant ces « pâtres », ces « bergers » qui leur ont prouvé comment ils font, eux, « la guerre des cochons ».

La contagion du désespoir gagnera de l'une des armées à l'autre, puisqu'elles n'en font plus qu'une. La Belgique et la Pologne seront évacuées comme la Serbie l'a été, le jour où les Germains sentiront la faim et la peur plier leurs genoux et glisser dans leurs talons. Encore un peu d'héroïsme, et nos armées, qui en possèdent de reste, dévoileront devant le monde les raisons de la longue attente qui a su préparer et organiser la « victoire française ».

LXXXII. 25 décembre 1914. — L'opinion publique au Japon.

Je n'ai nullement l'intention de m'engager dans une polémique, tout à fait superflue, au sujet de l'opportunité *actuelle* d'une intervention armée du Japon dans le conflit européen. Les diplomaties des puissances engagées dans la guerre ont certainement étudié la question : il n'y a qu'à s'en rapporter à elles. Je demande, seulement, qu'on ne me fasse pas dire ce que je n'ai pas dit. Mon intention n'est nullement d'écarter une intervention du Japon ; je constate seulement que cela ne dépend pas uniquement de nous et qu'il vaut mieux ne pas prendre ses désirs pour des réalités.

En tout cas, il est une nature de renseignements qu'il est bon de connaître : c'est l'opinion manifestée, à ce sujet, par la presse japonaise elle-même. J'ai sous les yeux un numéro du *Japan Times*, paru le 14 novembre, et qui, parvenu ces jours-ci en Europe, résume les principaux leaders des grands journaux japonais. Je crois utile de verser au débat certains extraits de ces analyses.

Quelques journaux, tels que le *Yamato*, sont tout à fait favorables à une certaine coopération japonaise : le Japon pourrait envoyer, *par le Transsibérien*, une armée de 500 000 hommes. Le *Tokyo Asahi* n'envisage cette éventualité que s'il s'agissait d'une menace contre la domination anglaise *aux Indes*.

Mais, toujours d'après le *Japan Times*, la grande majorité des journaux japonais est plutôt opposée à la participation éventuelle du Japon dans la grande guerre d'Europe. Le *Hochi* (qui passe pour l'organe du comte Okuma, président du Conseil) estime que l'armée japonaise est faite pour le Japon lui-même, pour la défense de ses propres intérêts, et non pour la satisfaction d'un idéal de gloire et de virtuosité militaire. Il faudrait qu'il y eût des raisons précises et impérieuses pour que cette participation se produisît.

Le *Kokumin* est catégorique et opposé à une telle suggestion. Il dit que l'armée japonaise est l'armée d'une nation indépendante et craindrait d'être considérée comme l'armée indienne, par exemple. Sur quel front, d'ailleurs, serait-elle envoyée? Enfin le concours du Japon, en raison de la marche des événements actuels, serait très probablement superflu.

Le *Nichinichi*, organe indépendant, n'est pas non plus très favorable à la participation. Il estime que l'armée japonaise est encore nécessaire en Extrême-Orient, notamment en Chine, *peut-être aux Indes*. Il est très douteux que l'armée japonaise puisse être aussi efficace en Europe qu'elle l'est en Asie : « Notre armée ne risquerait-elle pas d'être confondue avec les contingents hindous et algériens? »

Il est facile d'apprécier la haute dignité de cette attitude.

D'après les renseignements qui nous parviennent, le comte Okuma, premier ministre, est le représentant éminent du nationalisme japonais. Malgré la hauteur de ses vues et la largeur de son esprit, il n'est pas disposé, pour le moment du moins, à soutenir l'opportunité d'une action commune en Europe de l'armée japonaise *près des armées alliées*. Selon lui, le Japon est l'intermédiaire, l'éducateur entre l'Orient et l'Occident : il doit rester l'Orient et ne pas se confondre avec l'Occident.

En somme, le Japon paraît vouloir se renfermer, à l'heure actuelle, dans son rôle d'allié de l'Angleterre. Le Japon a aidé la flotte britannique à maintenir, en Extrême-Orient, et dans le Pacifique, la maîtrise de la mer. Il a détruit la forteresse de Kiao-Tchéou qui servait de base à l'action allemande dans les mers Jaunes.

Certes, le Japon est aujourd'hui l'allié de la France et de la Russie aussi bien que de l'Angleterre. Les arrangements intervenus entre le Japon et la France (sous le ministère de M. Pichon en 1907), et avec la Russie, quelques mois après, ont fort opportunément préparé cette adhésion du Japon à la Triple-Entente. Il est clair que les sympathies du Japon sont entièrement et sincèrement acquises aux trois puissances. La déclaration faite par l'empereur du Japon lors de l'ouverture de la Diète est très significative à ce sujet.

Mais, autant qu'on en peut juger de loin, le Japon se considère comme lié tout particulièrement à l'Angleterre, et c'est entre l'Angleterre et l'Empire du Levant que la grave question d'une intervention éventuelle peut être réglée.

On verra, d'ailleurs, par une note de l'*Agence Reuter*, que, de ce côté, les choses ne paraissent pas très avancées.

J'en reviens, donc, à ce que je disais en débutant. La parole est à la diplomatie : à elle de préparer l'opinion japonaise encore hésitante et d'orienter le gouvernement japonais vers le meilleur emploi possible des forces, d'ailleurs limitées, dont il pourrait disposer, soit en Asie, soit en Europe.

LXXXIII. 26 décembre 1914. — L'Allemagne et les neutres.

Le temps et la justice de notre cause travaillent pour nous ; la violence des polémiques allemandes prouve que nos ennemis eux-mêmes se sentent touchés. Dans un article du ton le plus âpre, la *Gazette de Francfort*, à propos du discours si simple et si fort prononcé par M. R. Viviani, parle de « représailles personnelles à exercer contre les gouvernants qui ont eu le courage criminel de mener leur pays à sa perte ». Les membres des deux Chambres ne sont plus qu'une « assemblée en délire de gens aveugles et abjects qui se donnent en spectacle dans les vêtements escroqués de représentants du peuple et du pays ».

Quand on en est à ces basses injures, tout sens de la mesure est perdu, la sérénité du jugement disparaît en même temps que la confiance. La fureur de la *Gazette de Francfort* ne fait ainsi que confirmer, indirectement, l'aveu de Maximilien Harden : « Nous avons contre nous une majorité écrasante de pays neutres ; il se pourrait qu'une grande puissance et deux nations guerrières de l'Europe orientale fortifient encore les rangs de nos ennemis. Il faut que l'Allemagne soit prête au pire sort qui l'ait jamais frappée. »

C'est que l'opinion universelle se prononce pour les puissances alliées avec une telle force que l'heure peut sonner bientôt où les gouvernements qui ont adhéré, jusqu'ici, au principe de la neutralité soient obligés de se conformer aux sentiments d'indignation et d'horreur que la conduite de l'Allemagne a provoqués dans le monde entier. Les drames de Louvain, Reims, Ypres, Arras touchent plus les peuples que tous les artifices du langage diplomatique.

La captivité des populations civiles traînées en esclavage, le fusillement des femmes et des enfants, la cruauté qui va jusqu'à les placer devant le front des troupes, cet abominable chantage exercé, par exemple, sur le maire de Lille et qui le menace d'affamer la population de la ville s'il ne s'arrange pas de façon à la ravitailler, tout contribue à déterminer un mouvement hostile à l'Allemagne, qui croîtra au fur et à mesure que la brutalité de la barbarie teutonne s'étalera davantage au grand jour... Et, dès maintenant, elle ne peut plus se refréner.

Quant à eux, dans l'incapacité où ils sont de voir les choses comme on les voit du dehors, ils ne comprennent pas ; ils se fâchent, ils insistent, ils croient prouver quelque chose en s'expliquant ; la lourdeur de leur polémique est un poids de plus ajouté à celui des maladresses sans nombre qu'ils ont entassées depuis le début du conflit et qui ont perdu leur cause auprès de tous les esprits impartiaux, en les rendant odieux à l'Univers.

Le réseau des neutralités irritées ou inquiètes se resserre ainsi peu à peu autour d'eux. Au moment où le prince de Bülow prétend exercer à Rome sa puissance de séduction, obligé qu'il est, d'ailleurs, de lutter contre l'effet produit par les révélations de M. Giolitti, on sent, autour de ces pourparlers secrets, je ne sais quelle atmosphère de tentations sournoises où les intérêts du « brillant second » ne sont pas moins sacrifiés que ceux des puissances alliées ; mais la clairvoyance italienne déjoue ces pièges mal tendus. L'Italie sait à quoi s'en tenir sur ce système de promesses illusoires qu'elle a brisé en rompant avec la Triple-Alliance ; elle sait que son développement dans la Méditerranée, dans l'Adriatique, dans la péninsule des Balkans — dont le sort est justement l'objet de la présente guerre — est antagoniste à une victoire austro-allemande ; elle sait que l'entente balkanique qui sera, dans ces régions, la force de l'avenir, s'achève, à l'heure présente, contre la puissance austro-hongroise ; en se rapprochant ostensiblement de la Roumanie, elle s'attache à cette thèse des nationalités, qui lui est, si j'ose dire, congénitale.

L'Italie n'a jamais séparé les sentiments des réalisations ; l'originalité de sa politique tient à cela. Sa finesse avisée ne sera pas dupe des déclarations astucieuses qui multiplient les engagements dans le péril pour les rompre dans le succès, et des belles paroles du navigateur qui adore le saint dans la tempête pour le bafouer quand on est au port.

La campagne menée par M. Dernburg aux États-Unis n'est pas plus heureuse et ne sera pas plus efficace. Pour prouver la modération des prétentions allemandes, il a présenté, au public américain, un programme tellement chargé de convoitises naïves et de prétentions dangereuses, — dangereuses même pour les États-Unis, — qu'il a confirmé la polémique ardente de M. Roosevelt établissant que l'Allemagne a juré, depuis longtemps, de braver la doctrine de Monroë et de s'installer sur le nouveau continent. Aujourd'hui, il n'est pas un esprit éclairé qui ne soit averti, par cet étalage cynique, du danger que la victoire de l'Allemagne ferait courir à l'univers. La prétention d'occuper Anvers et de neutraliser (c'est-à-dire de dominer) les mers anglaises et françaises est un coup droit au cœur de l'Amérique. La Manche deviendrait le repaire des escadres allemandes contre New-York et Rio-de-Janeiro.

L'interview de l'amiral von Tirpitz, annonçant au monde l'usage nouveau que l'on va faire de sous-marins de fort tonnage pour courir sus au commerce britannique (c'est-à-dire, en fait, au commerce américain) est encore un de ces procédés d'intimidation à deux tranchants, qui se retournent contre ceux qui s'en servent. Peu à peu, la méfiance s'unit à l'indignation pour gonfler les âmes américaines. L'Allemagne ne rencontre pas de juges plus sévères que ceux qu'elle a prétendu convaincre et qui, peut-être, au début, lui étaient le plus favorables.

M. Church, président de l'Institut Carnegie à Pittsburg, répondant au docteur Fritz Schaper, de Berlin, lui dit, avec un accent de haute commisération :
« J'éprouve un sentiment de pitié à noter l'importunité avec laquelle le peuple allemand cherche à créer en Amérique une opinion qui lui soit favorable dans le conflit actuel... Tous ici, nous allons plus profondément qu'à la simple surface dans la recherche de la vérité... Que dira l'honnête conscience du peuple allemand, lorsqu'en dépit de sa passion, de sa rage de guerre, il saisira la terrible signification de l'aveu de son chancelier impérial : « Le mal que nous faisons !... » Ce que vous dites du militarisme allemand me prouve que cette guerre a été commencée, virtuellement, il y a vingt-cinq ans, quand l'empereur Guillaume, montant sur le trône, s'est déclaré lui-même l'empereur suprême de la guerre. » Et la conclusion foudroyante :
« La nation allemande, glorieuse naguère, doit continuer sa course dans les ténèbres et dans le meurtre jusqu'à ce que sa conscience, à la fin, lui ordonne de retirer ses armées dans ses propres frontières et d'y attendre le pardon du monde pour son crime inexpiable... »

Church attendra longtemps cette heure, car « l'honnête conscience allemande » a été mise à de rudes épreuves, mais le verdict définitif n'en est pas moins prononcé. En plus, il est, pour ainsi dire, inévitable qu'aux paroles succèdent les actes. L'humanité ne restera pas toujours insensible à l'insolent étalage de tous les crimes, au retour éhonté vers le plus affreux despotisme militaire. Un jour, elle se dressera et dira : « Halte là ! » Ou bien, selon l'expression de Withney Warren, c'est que ceux qui feraient, malgré tout, profession de neutralité « n'auraient plus de sang dans les veines ».

La place des neutres sera fatalement choisie, par eux, à côté des puissances alliées : cela ne fait plus doute pour personne. Et c'est pourquoi nous devons tout préparer et tout ménager pour que cette adhésion se produise unanime. Le *New York Times* annonce cette heure dans des termes qui dicteront, un jour ou l'autre, leur conduite aux Américains comme à tous les neutres : « C'est là une affaire de la plus sérieuse importance pour nous ; les porte-parole officiels de l'Allemagne nous prouvent que leurs avertissements doivent s'imprimer profondément dans notre mémoire. Nous savons, maintenant, ce que l'achèvement des ambitions allemandes serait pour le monde, et nous ne pouvons manquer de voir, maintenant, ce qu'il serait pour nous. »

LXXXIV. 28 décembre 1914. — L'héroïsme russe.

En raison de l'éloignement et de l'ampleur de la bataille engagée, les événements de la frontière orientale nous restent assez obscurs. Il y a quelques jours, on illuminait à Berlin ; aujourd'hui, le ton des communiqués allemands et autrichiens est moins avantageux ; ils veulent bien reconnaître qu'ils ont affaire à forte partie. Même, le critique militaire de la *Nouvelle Presse libre* avoue qu'au cours de la nouvelle bataille de Galicie, sur un front de cinq cents kilomètres, les Russes ont réussi à reprendre l'offensive, grâce, ajoute-t-il, aux renforts qui leur sont parvenus.

Sans entrer dans le détail des opérations qui se développent avec une puissance et, si j'ose dire, une majesté incomparable, ce qui apparaît dès maintenant, c'est que l'armée russe y déploie toutes les qualités que l'on pouvait attendre d'elle. Depuis trois mois, elle est engagée dans une bataille qui a pour enjeu trois provinces, on dirait presque trois royaumes : la Prusse orientale, la Pologne russe et la Galicie, et, — sans tenir compte des opérations secondaires dans la Baltique, en Bukovine, sur le Caucase, — partout elle fait front, elle gagne du terrain. Et elle porte, seule, le fardeau d'une offensive où trois adversaires également puissants, l'Allemagne, l'Autriche-Hongrie et la Turquie, fondent en même temps sur elle !

On dirait un sanglier tenant tête à l'attaque d'une meute et fonçant sur l'un ou sur l'autre adversaire alternativement.

On entend dire : Et les Russes ?... Eh bien, les Russes font ce qu'ils avaient promis de faire, et plus qu'ils n'avaient promis. La guerre contre l'Autriche-Hongrie et contre la Turquie serait, à elle seule, pour toute puissance militaire, une affaire des plus sérieuses. La Russie tient, d'ores et déjà, en échec ces redoutables ennemis, et, en plus, elle attire et retient un million d'Allemands au moins. Ne convient-il pas de reconnaître et de proclamer très haut le service inappréciable rendu ainsi à la cause commune ?

Et ce ne sont là que des données très générales : si l'on songe à la difficulté du terrain, aux conditions climatériques, à l'insuffisance des voies ferrées, à la complexité de tout le travail de ravitaillement et d'approvisionnement sur un sol marécageux où, par les temps humides, la boue est le principal auxiliaire de l'ennemi, on ne peut qu'admirer une si prodigieuse endurance chez les troupes, une ténacité si admirable chez les chefs.

D'après les renseignements récents, les prisonniers de guerre allemands et austro-hongrois en Russie se comptent par centaines de mille ; ce sont là des résultats indéniables et qui indiquent à quel point les succès russes sont réels, effectifs, quelles que soient, d'ailleurs, les appréciations au point de vue spécialement stratégique.

Aux dernières nouvelles, la marche en avant des armées russes paraît avoir été reprise avec une nouvelle vigueur ; les renforts sont arrivés ; les succès partiels même des Allemands sont arrêtés. Le distingué critique militaire du *Journal de Genève* résumait ainsi la bataille de Pologne au 24 décembre : ailes nord, équilibre instable ; centre, équilibre stationnaire ; ailes sud, équilibre rompu en faveur des Russes. Partout des pertes énormes sont infligées à l'ennemi... Et voilà ce qui importe.

Que les états-majors russes, s'inspirant de leur admirable connaissance du terrain et des ressources locales, cherchent les positions qui leur sont le plus favorables, il n'y a qu'à s'en rapporter à eux. Mais, puisqu'ils détruisent peu à peu les forces qui leur sont opposées, ils travaillent largement au succès de la cause.

Comment ne pas adresser aux armées russes, par-dessus les immenses espaces qui nous séparent, un salut fraternel pour l'héroïsme imperturbable avec lequel elles supportent de telles épreuves et qui les rend si dignes de la pleine confiance et de l'admiration enthousiaste de leurs alliés.

FIN

TABLE DES MATIÈRES

CHAPITRE PREMIER

		Pages.
I.	La crise européenne et la France (31 juillet 1914).............................	1
II.	Hurrah pour l'Angleterre! (4 août 1914)..	6
III.	Quel vent de folie?... (5 août 1914)....	7
IV.	Appel aux puissances neutres. — Appel à l'Amérique (7 août 1914)...............	10
V.	Et leur diplomatie!... (8 août 1914)......	12
VI.	Et leur empereur!... (9 août 1914)......	16
VII.	Difficiles neutralités (10 août 1914)......	20
VIII.	Second avis aux neutres (11 août 1914)..	23
IX.	Ce sera dur (12 août 1914).............	27
X.	Tout par la vérité! (13 août 1914)......	31
XI.	Mensonge naval (14 août 1914)..........	33
XII.	L'état de guerre (15 août 1914).........	35
XIII.	La première semaine (8-15 août 1914)...	38
XIV.	Résurrection de la Pologne (16 août 1914).	43
XV.	La reprise du travail (17 août 1914).....	48
XVI.	Le sang-froid financier (18 août 1914)...	50
XVII.	Dans l'attente (20 août 1914)...........	53
XVIII.	La vacance du Saint-Siège (21 août 1914).	58
XIX.	Deuxième semaine. — Semaine d'attente (22 août 1914).......................	62
XX.	Le secours et le travail (23 août 1914)...	67
XXI.	L'exemple belge (24 août 1914).........	71
XXII.	La bataille circulaire (25 août 1914).....	75
XXIII.	Psychologie de cette guerre (26 août 1914).............................	79

		Pages
XXIV.	— Lord Kitchener à la Chambre des Lords (27 août 1914)...............................	82
XXV.	— Perfidie diplomatique (28 août 1914).....	85
XXVI.	— La semaine de Sambre-et-Meuse (29 août 1914)....................................	88
XXVII.	— L'intimidation (29 août 1914)............	94
XXVIII.	— L'usure (30 août 1914)..................	98
XXIX.	— Le jeu des neutralités (31 août 1914).....	100

CHAPITRE II

XXX.	— Enfin, de la lumière! (1ᵉʳ septembre 1914).	105
XXXI.	— La défense nationale (2 septembre 1914)..	107
XXXII.	— Les diplomates américains à Paris (4 septembre).................................	109
XXXIII.	— Les champs catalauniques (9 septembre 1914)....................................	111
XXXIV.	— La fin de la Triplice (11 septembre 1914).	113
XXXV.	— Honneur aux Anglais (13 septembre 1914).	115
XXXVI.	— La rentrée des Belges (15 septembre 1914)....................................	118
XXXVII.	— Les victoires slaves (17 septembre 1914)..	120
XXXVIII.	— Organisés et entraînés (19 septembre 1914)....................................	123
XXXIX.	— « Falaises de l'Aisne » (22 septembre 1914)....................................	125
XL.	— Destructions voulues (23 septembre 1914).	127
XLI.	— Les responsabilités allemandes (26 septembre 1914).............................	129
XLII.	— La « cause » universelle (28 septembre 1914)....................................	132

CHAPITRE III

XLIII.	— L'Allemagne en baisse (1ᵉʳ octobre 1914)..	135
XLIV.	— Les neutralités impossibles (4 octobre 1914)....................................	138
XLV.	— Une précision sur les origines de la guerre (5 octobre 1914)........................	139

TABLE DES MATIÈRES

		Pages.
XLVI.	— Albert de Mun (7 octobre 1914).........	143
XLVII.	— L'effort récompensé (8 octobre 1914).....	147
XLVIII.	— Les provinces qui souffrent (11 octobre 1914).............................	149
XLIX.	— La Belgique en France (16 octobre 1914).	152
L.	— Le « bon billet » de M. de Jagow (17 octobre 1914)............................	155
LI.	— L'opinion américaine (19 octobre 1914)...	157
LII.	— Les deux civilisations (21 octobre 1914)..	161
LIII.	— La vallée en armes (22 octobre 1914)....	165
LIV.	— La grandeur belge (24 octobre 1914).....	168
LV.	— Unis « jusqu'au bout » (26 octobre 1914).	172
LVI.	— Les gens de France (28 octobre 1914)....	175
LVII.	— « A Calais, à tout prix ! » (31 octobre 1914).	177

CHAPITRE IV

LVIII.	— Les familles (2 novembre 1914)..........	183
LIX.	— La fin de la Turquie (4 novembre 1914)..	184
LX.	— Manœuvre déjouée (5 novembre 1914)...	188
LXI.	— L'Europe libre (7 novembre 1914).......	190
LXII.	— Heurtebise et Vailly (9 novembre 1914)..	194
LXIII.	— Le secours aux provinces envahies (11 novembre 1914)...........................	196
LXIV.	— L'Allemagne rétablit l'esclavage (14 novembre 1914)...........................	200
LXV.	— Ames de démons (16 novembre 1914)....	204
LXVI.	— Parole pontificale (20 novembre 1914)...	208
LXVII.	— La terre et la mer (22 novembre 1914)...	210
LXVIII.	— Pas de négociations préventives (24 novembre 1914)...........................	213
LXIX.	— Un ami de la France (26 novembre 1914).	218
LXX.	— Pourquoi ils peinent (28 novembre 1914).	221
LXXI.	— Guerre et diplomatie (30 novembre 1914).	225

CHAPITRE V

LXXII.	— Le « Livre jaune » (1ᵉʳ décembre 1914)...	231
LXXIII.	— La propagande pour la paix (4 décembre 1914)...............................	240

		Pages.
LXXIV.	— L'Italie et la guerre (5 décembre 1914)...	242
LXXV.	— Le prince de Bülow ambassadeur à Rome (6 décembre 1914)..................	246
LXXVI.	— Pour nos missions d'Orient (10 décembre 1914).............................	248
LXXVII.	— La belle revanche (11 décembre 1914)....	253
LXXVIII.	— Pour garder leur mémoire (13 décembre 1914).............................	255
LXXIX.	— La victoire serbe (16 décembre 1914)....	257
LXXX.	— La journée des lettres (19 décembre 1914).	263
LXXXI.	— Victoire « française » (22 décembre 1914).	265
LXXXII.	— L'opinion publique au Japon (25 décembre 1914).............................	270
LXXXIII.	— L'Allemagne et les neutres (26 décembre 1914).............................	273
LXXXIV.	— L'héroïsme russe (28 décembre 1914)....	275
Table des matières......................		283

PARIS
TYPOGRAPHIE PLON-NOURRIT ET Cie
Rue Garancière, 8

A LA MÊME LIBRAIRIE

Dixmude. Un chapitre de l'histoire des fusiliers marins (7 octobre-10 novembre 1914), par Ch. Le Goffic, 88ᵉ édition. Un vol. in-16 avec deux cartes et douze gravures. 3 fr.
(Prix Lasserre 1915.)

En Campagne (1914-1915). Impressions d'un officier de légère, par Marcel Dupont. 46ᵉ édit. Un vol. in-16. 3 fr. 50

D'Oran à Arras (1914-1915). Impressions de guerre d'un officier d'Afrique, par Henry d'Estre. 7ᵉ édition. 3 fr. 50

Étapes et Combats. Souvenirs d'un cavalier devenu fantassin, par Christian Mallet. 13ᵉ édition. Un vol. in-16. 3 fr. 50

Impressions de guerre de prêtres soldats, recueillies par Léonce de Grandmaison. 7ᵉ édit. Un vol. in-16. 3 fr. 50

Les Vagabonds de la gloire. Campagne d'un croiseur (août 1914-mai 1915), par René Milan. 10ᵉ édition. 3 fr. 50

Avec une batterie de 75. Ma Pièce. Souvenirs d'un canonnier (1914), par Paul Lintier. 19ᵉ édition. Un vol. in-16. 3 fr. 50

Journal d'un grand blessé. Aux mains de l'Allemagne, par Ch. Hennebois. Préface d'Ernest Daudet. 8ᵉ édition. 3 fr. 50

La Belgique héroïque et vaillante. Récits de combattants, recueillis par le baron C. Buffin. Préface de M. de Broqueville. 7ᵉ édition. Un vol. in-16 avec 34 gravures et 14 cartes. 3 fr. 50

Carnet de route (août 1914-janvier 1915), par Jacques Roujon. Préface de Robert de Flers. Croquis de Carlos Reymond. 4ᵉ édition. Un vol. in-16. 3 fr. 50

Trois Tombes, par Henry Bordeaux. 16ᵉ édition. 3 fr. 50

Dardanelles, Serbie, Salonique (avril 1915-janvier 1916), par Joseph Vassal. Un vol. in-16 avec gravures et cartes. 3 fr. 50

A tire d'ailes. Carnet de vol d'un aviateur et Souvenirs d'un prisonnier de guerre, par Renaud de La Frégeolière. Préface de René Bazin. 5ᵉ édition. Un vol. in-16. 3 fr. 50

Une ambulance de gare, par José Roussel-Lépine (croquis des premiers jours de guerre — août 1914). Un vol. in-16. 2 fr. 50

La Belgique loyale, héroïque et malheureuse, par J. Boubée. Préface de M. H. Carton de Wiart. 3 fr.

Les Dessous de la politique en Orient, par Un Allemand. Traduit de l'anglais par M. H. Bonnet. 4ᵉ édition. 3 fr. 50

La Bataille de la Marne (6-12 septembre 1914), par Gustave Babin. 9ᵉ édition. Un vol. in-16 avec neuf cartes. 2 fr.

Voyages au front. De Dunkerque à Belfort, par Edith Wharton. 7ᵉ édition. Un volume in-16. 3 fr. 50

Dans la Belgique envahie. Parmi les blessés allemands (août-décembre 1914). 4ᵉ édition par Joseph Boubée. 3 fr. 50

Les Allemands à Louvain. Souvenirs d'un témoin, par M. H. de Grüben. Préface de Mgr Simon Deploige. 7ᵉ éd. 2 fr.

Notes d'une infirmière (1914), par M. Eydoux-Demians. 9ᵉ édition. Un volume in-16. 3 fr.

PARIS. TYP. PLON-NOURRIT ET Cⁱᵉ, 8, RUE GARANCIÈRE. — 21575

BIBLIOTHEQUE NATIONALE

SERVICE DES NOUVEAUX SUPPORTS

58, rue de Richelieu, 75084 PARIS CEDEX 02 Téléphone 266 62 62

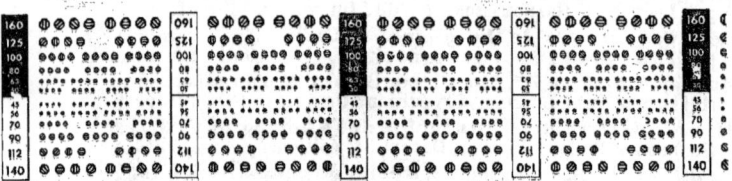

Acheve de micrographier le : 22 / 08 / 1977

Défauts constatés sur le document original

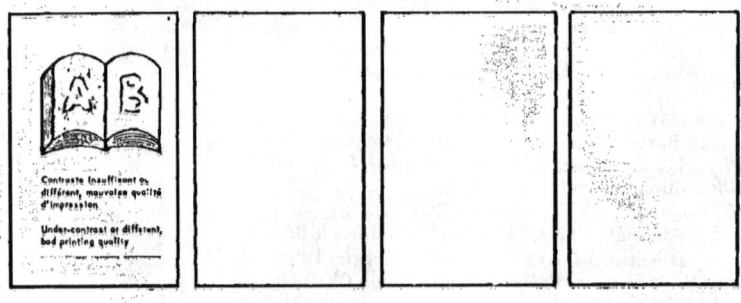

Contraste insuffisant ou différent, mauvaise qualité d'impression

Under-contrast or different, bad printing quality